Wahre G'schichterl

Anderl Heckmair

Wahre G'schichterl

Geschichten, die der Erstbesteiger der Eiger-Nordwand und der bekannte Oberstdorfer Bergführer erlebt hat.

Oberstdorfer Alpenverlag

Gestaltung:
Hans Noeth, Oberstdorf.
Fotos:
Privatarchiv, und
Hans Botzenhardt,
Neu-Ulm.
Reproduktionen:
Brend'amour, München.
Satz:
Helmuth Abt, Ulm.
Gesamtherstellung:
Gerstmayer, Offsetdruck,
Ravensburg.

ISBN 3-926716-01-0   2. Auflage

Inhalt

Der Anderl.

Anderl Heckmair – der „Anderl" – hat immerhin schon 3 bemerkenswerte Bücher geschrieben: „Die letzten drei Probleme der Alpen", „Bergsteigen für Anfänger und Fortgeschrittene" und „Mein Leben als Bergsteiger" sowie noch unzählige Artikel und Berichte. Die meisten davon wurden auch in fremde Sprachen übersetzt. Man kann ihn ebenso auf englisch, französisch und sogar auf japanisch lesen. Anderl ein alpiner Schriftsteller? Ja und nein – eigentlich ist er mehr ein Erzähler, und ein begabter und, wie man so sagt, begnadeter dazu, der am liebsten frei von der Leber weg redet. Viele haben ihn „mündlich" erlebt in Vorträgen, Gesprächen, Interviews, wobei meist jene Beiträge am besten ankamen, die ohne Manuskript oder große Vorbereitungen gegeben wurden. Da erwies sich auch, etwa in Diskussionen oder unerwartet auftretenden Situationen, wie er schlagfertig und treffsicher zu „kontern" wußte, oft mit schmunzelndem Humor und geistreichem Witz verbunden, manchmal aber auch mit einem Schuß beißender Ironie.

Der Anderl ist nun in die „Achtziger" gegangen, und heuer jährt sich seine Erstbesteigung der Eiger-Nordwand zum 50. Male. Das ist doch gewiß Grund genug, ihn noch einmal zu Wort kommen zu lassen. Und er sollte dabei einfach erzählen, plaudern – mit Geschichten und Anekdoten, die er wirklich selbst erlebt hat und die bisher nur vereinzelt veröffentlicht sind.

Sie zeigen vorwiegend die lustige Seite seines Wesens, den Sinn für komische Situationen bis hin zu Szenen, die derb und zuweilen fast makaber erscheinen, doch nie blasphemisch werden. Oft rauh aber herzlich, von einem „Gemütsmenschen" könnte man sprechen, oder daß er und seine Kameraden ein „Gemüt wie ein Metzgerhund" hätten.

In der sogenannten „Münchener Kletterschule" haben sie sich damals in den Jahren zwischen 1928 - 1932 gefunden, junge Männer, die Hans Ertl einmal als „Bergvagabunden" beschreibt; Burschen mit unerhörter Härte, rücksichtsloser Kühnheit, außergewöhnlichem bergsteigerischen Können, mit Gespür und Intelligenz für alpine Probleme und einem unbandigen, fast besessenen Willen und Idealismus als unerläßliche Voraussetzung für solches extremes Bergsteigen. Und mit Gemüt und Humor „ausgestattet", was man vor allem brauchte, wenn man arbeitslos, ohne Geld war und nicht griesgrämig und verzweifelt durch die Welt gehen wollte. Das alles muß man wohl wissen, um jenen Typ des „Bergvagabunden" besser zu verstehen. Und der Anderl gehörte zu dieser „Blas'n", ebenso manche dieser Geschichten. Daß sein Leben im Waisenhaus und während der Gärtnerlehre zu jener Zeit nicht gerade rosig war und manchmal fast zwangsläufig eine gewisse Schlitzohrigkeit geradezu herausforderte, sei zum weiteren Verständnis ergänzt.

Die Geschichten hier sollten also den Leser nicht dazu verführen, Anderl Heckmair „nur" von dieser einen, der lustigen, zuweilen komisch-derben Seite zu sehen; seine früheren Bücher zeigen die andere. Er hat halt einen viel-„fältigen" Charakter, hat auch Wandlungen durchgemacht. Bergvagabund und Bergführer, das sind zweierlei Stiefel – und er paßte in beide hinein. Daß er nach den „wilden" Jahren seiner Sturm- und Drangzeit 2 Jahrzehnte im Bayerischen Jugendherbergswerk als alpiner Berater und Führer tätig war, eröffnet noch eine neue Seite seines Wesens: als Lehrer und Erzieher, indem er eigentlich den „sanften Tourismus" pflegte, mit viel Geduld und pädagogischem Geschick gegenüber Jugendlichen auftrat und für das Bergwandern Wissen und Freude vermitteln konnte. Dies bestätigt zugleich auch seine Entwicklung vom „Extremen" zu einer Lebensphase, in der Beschaulichkeit, Gelassenheit und Ruhe hinzugekommen sind.

Vielleicht ist es gerade die Vielseitigkeit – wobei die einzelnen „Seiten" jeweils prägnant stark und gewichtig erscheinen –, was den Anderl Heckmair eigentlich ausmacht und weshalb man ihn ehrt, respektiert und gern hat.

Und ein bißl Spaß sollten Sie an diesen Geschichten haben!

Machtlfing, im Frühjahr 1988 Helmut Münch

Der „Anderl" 1938 in der Eiger-Nordwand.

Lausbub.

Während des 1. Weltkriegs verstarb mein Vater. Meine Mutter konnte meinen Bruder und mich nicht ernähren; so kamen wir in das Münchener Waisenhaus. Wir mußten eine in der Nähe befindliche Schule besuchen. Dort „residierte" ein Hauptschullehrer, der dann im Waisenhaus denen, die nicht recht aufpaßten und mitkamen, Nachhilfestunden erteilte. Unter diesen war auch ich. Außerdem verhängte der Hauptschullehrer Strafen für unsere Missetaten. Den Strafvollzug führte der Hausmeister durch. Dazu mußten wir uns in einem Nebenzimmer mit entblößtem Hinterteil auf den Boden knien. Je nach Schwere der Tat wurden die Schläge dosiert. Mich verdonnerte man einmal zu 12 Schlägen, weil ich einer Schwester einen Stuhl an den Kopf geworfen habe. Den Stuhl wollte ich eigentlich einem Mitschüler, der mich geärgert hatte, raufwerfen, aber ich traf unglückseligerweise die Schwester. Die Strafe empfand ich sehr ungerecht.

Bei kleinen Vergehen verabreichte uns der Hauptschullehrer mit einem Rohrstock „Tatzen", und er sagte dabei immer: „Du Wicht!", worauf wir ihn auch nur als „Wicht" betitelten. Als er sich einer Operation zu unterziehen hatte und dabei starb, sollte einer von uns Kindern einen Prolog sprechen. Ein Lehrer setzte den Text auf, und wir alle mußten ihn lernen und dann vorsprechen. Ich hatte sofort einen Hintergedanken und lernte den Prolog, ganz im Gegensatz zu meinem sonstigen Verhalten, sehr gründlich. Beim Probesprechen setzte ich all mir zur Verfügung stehende Ausdrucksfähigkeit ein und war weitaus der Beste.

In der Aussegnungshalle sollte ich nun die gelernte Trauerrede halten. Mein Vorsatz war aber: „Du Wicht bekommst keine Trauerrede"!

Ich stand in der Mitte, umgeben vom Kreis der Klosterschwestern und der Mitschüler und sagte keinen Ton. Von allen Seiten wurde mir eingeflüstert; ich blieb weiter stumm. Daraufhin erwartete ich wieder eine saftige Strafe. Aber im Gegenteil, die Schwester empfand meine Haltung als Rührung und Ergriffenheit. Nachher wurde ich dementsprechend bedauert und getröstet. Der „Wicht" kam ohne Prolog ins Grab.

In den Kriegsjahren kamen wir als unterernährte Waisenkinder zu einem Erholungsaufenthalt in die Schweiz. Wir waren 11 Jahre alt. Dort wurden wir erst einmal gewogen. Um gutes Gewicht vorzutäuschen, stopfte ich mir Steine in die Hosentasche. Beim nächsten Wie-

gen hatten alle zugenommen, nur ich nicht, denn ich entledigte mich jedesmal einiger Steine. Darauf erhielt ich immer eine Portion extra.

B*ei einem Spaziergang auf der Südseite des Bürgenstocks in der Schweiz klatschte die Klosterschwester in die Hände und sagte: „Nun Kinderlein dürft ihr springen!" Wir sind sofort eine steile Rinne, die mit Felsen durchsetzt war, emporgestürmt, was gar nicht im Sinne der Schwester war. Natürlich polterten einige lose Steine auf die Nachkommenden herab. Einer wurde tödlich am Kopf getroffen. Da ich am weitesten oben war, kam ich als letzter runter und durfte mit der Schwester beim Abgestürzten sitzen bleiben. Die anderen wurden von Einheimischen nach Hause geführt. Das war der erste tödliche Bergunfall, den ich erlebte, und ich war fast stolz darauf, die Totenwache halten zu dürfen.*

Nach der Beerdigung wurde uns erlaubt, frei nach Hause zu gehen, während wir sonst immer Händchen in Händchen nebeneinander herschreiten mußten. Natürlich nützten wir diese Freiheit sofort aus zum Bockspringen. Ich machte den „Bock", und als der Springer seine Hände zum Abspringen auf meinen Rücken stützen wollte, tauchte ich weg. Er fiel zu Boden und brach sich den Arm. Zur Strafe mußte ich mit ihm täglich zum Doktor gehen, dessen Frau uns arme Waisenkinder immer mit Kakao und Kuchen bewirtete. Das empfand ich als eine sehr angenehme Strafe.

B*ei einem Ausflug zum Vierwaldstädter See sahen wir zu, wie ein Dampfer sich dem Steg näherte. Mit einem anderen Schüler vereinbarte ich sofort, er solle mir einen „ungewollten" Stoß geben, damit ich ins Wasser falle; was er auch getan hat. Ich konnte schon recht gut schwimmen und suchte im Wasser das Weite. Das Schiff tutete aus allen Rohren. Dann erst wendete ich und suchte mein Heil im Schilf.*

Als ich ans Ufer kam, erwartete ich wieder eine saftige Strafe. Aber ich wurde von den liebenswürdigen Schweizern sehr bedauert und sofort in eine warme Stube geführt, wo man mir trokkene Kleider gab. Wieder wurde ich, statt gestraft, bemitleidet und mit Kuchen verwöhnt.

N*ach dem „Wicht" kam ein sehr aufgeschlossener Lehrer als Direktor ins Waisenhaus. Vor allem schaffte er die übertriebene Beterei der Klosterschwestern ab; deshalb war er mir schon sehr sympathisch. Die 6-wöchentliche Ferienzeit wurde benützt, um von Kaufbeuren nach Berchtesgaden zu wandern und unter-*

wegs kleine Chorkonzerte zu geben. Im Waisenhaus waren wir zu Chorknaben ausgebildet. Ich hatte keine Veranlagung zum Singen, trotzdem durfte ich mitgehen, weil ich der beste „Marschierer" war. Nachdem ich den Chor durch meine Falschsingerei einige Male umgeworfen hatte, verzichtete man auf meine Mitwirkung. Dafür hatte ich das Foto unserer Chorknaben im Publikum an den Mann zu bringen.

Den Erlös habe ich auf den Pfennig genau abgegeben, aber die reichlichen Trinkgelder, die ich erhielt, verschwieg ich. Mein Mangel an Fähigkeit zu singen hat mir dadurch zu großen Vorteilen verholfen und verhinderte das Aufkommen eines Komplexes.

Dieses Fehlen einer stimmlichen Begabung hat sich fortgesetzt bis zur Militärzeit, wo ich Singverbot bekam, weil ich durch meine falschen Töne den Gesang und Rhythmus der Marschkolonne zu sehr durcheinander brachte.

***M**eine Erstkommunion fand im Waisenhaus statt. Eine Schwester warnte uns, auf die Hostie zu beißen, denn davon würde die Zunge schwarz. Mich reizte das, und ich biß kräftig zu und hoffte auf die schwarze Zunge, weil ich das interessant gefunden hätte. Nix war's. Die Zunge behielt ihre natürliche Farbe wie eh und* jeh. Die Schwestern lügen ja selbst, dachte ich mir. Das war für mich der erste Anlaß, am Glauben zu zweifeln.

Der zweite Anlaß kam in der Berufsschule, wo ich eine Zeichnung machen mußte. Der Lehrer fragte: „Meinst Du, daß das richtig ist?", „Ich glaube schon", antwortete ich. Darauf gab er mir eine schallende Ohrfeige – das war damals so üblich – und sagte: „Glauben heißt nichts wissen!" Wenn das so ist, dachte ich mir, dann glaube ich nix mehr.

Eiger-Nordwand, 1. Biwak mit Wiggerl.

Gewachsen.

Im Jahr 1920 war meine Schulzeit beendet, und das Waisenhaus vermittelte mich als Lehrbub in eine Münchener Gärtnerei. Ich stellte mir diese Tätigkeit sehr ideal vor, das war sie aber nicht.

Als erstes mußte ich grasen (Unkraut jähten), und dabei blieb es. Der Meister war ein ausgesprochener Lehrlingsschinder. Ich war nicht der einzige, sondern er hatte noch sieben andere Lehrbuben, von denen immer wieder mal einer davonlief, ich auch. Das kam so: Im Winter mußten die Gewächshäuser mit Brettern am Abend zu-, am Morgen wieder aufgedeckt werden. Da ich nach einem Jahr Tätigkeit noch keinen Tag frei bekommen hatte – in einer Gärtnerei mußten die Pflanzen auch am Wochenende gepflegt werden –, nahm ich mir die Freiheit und ging ungefragt mit meinem Bruder an einem Sonntag zum Rodeln.

Am Montag, beim Abdecken des Glashauses, stellte mich der Meister und stauchte mich furchtbar zusammen. Jähzornig war ich in meiner Jugend immer schon. Mich packte die Wut, und ich schlug ihm ein halbangefaultes Brett auf den Kopf, daß es in Fetzen flog. Darauf großes Geschrei. Ich sprang über die Mistbeete hinweg zum Ausgang. Dort aber versperrten mir die anderen Lehrlinge und Gehilfen das Tor. So schlug ich einen Haken, sauste auf die Ummauerung zu, sprang hoch und flankte hinüber.

Dann stürmte mir die Meute nach. Aber im Davonlaufen war ich stets gut und hatte sie sehr bald abgehängt. Was jetzt? Ich wußte, daß ein anderer Gärtner als Konkurrent mit meinem Meister verfeindet war. Schnurstracks lief ich in die Gärtnerei des Konkurrenten und erzählte ihm das Geschehnis. Dieser hatte ein dickes Bäuchlein, und er lachte so, daß der ganze Bauch wackelte. „Bleib nur da, Bub, ich bringe das schon in Ordnung". Tatsächlich erreichte er, daß meine Lehrzeit ohne Unterbrechung auf ihn überwechselte.

Auch hier gab es Gewächshäuser mit einem langen Vorraum mit Umtopftisch und einem rechteckigen Holzverschlag, in welchem die Buchführung verwahrt wurde. Beim neuen Meister fühlte ich mich sehr wohl. Ich wurde nicht mehr ausgenützt, und er erklärte mir alle Pflanzennamen, was der vorige Meister nie getan hatte. Als Bewacher gab es einen großen russischen Bärenschnautzer, mit dem ich immer meine Brotzeit teilte und raufte. Da ich eines Tages eine seltene Pflanze, die im Vorraum des Gewächshauses stand, vergessen hatte zu gießen und sie vertrocknete, wollte mir der sonst so gutmütige Meister eine runterhauen. Er stand unglücklicherweise neben seinem Holzverschlag. Als er ausholte, duckte ich mich, und er schlug mit dem Unterarm an die Kante und brach sich den Arm. Im gleichen Augenblick sprang mein Freund, der Russel, seinen Meister an und biß ihn in den anderen Arm. Darauf hatte der Meister den einen Arm in Gips, den anderen dick verbunden in der Schlinge.

Von seinen Freunden, die ihn des öfteren besuchten, wurde er wegen dieser Geschichte verlacht. Mir aber geschah gar nichts, und mit meinem schlechten Gewissen habe ich mich nun doppelt in meine Arbeit reingehängt.

Ich hatte den Auftrag, die Geranienkästen auf die Fensterbankl des Hotels „Vierjahreszeiten" zu stellen. Dabei kam ich in ein Appartement mit einem Luxusbad. Dieser Verführung konnte ich nicht widerstehen. Daß ich dabei erwischt werden könnte, daran dachte ich gar nicht. Ich ließ warmes Wasser in die Wanne laufen. In meiner angeborenen Bescheidenheit nahm ich vom Regal eine Flasche Kölnisch Wasser und goß es in das Bad; ich wollte auch einmal gut riechen. Wohlig wälzte ich mich im duftenden Wasser, seifte meinen Gärtnerdreck mit einer wohlriechenden Seife ab und fühlte mich so sauber wie noch nie. Übrigens – gemerkt hat niemand etwas von meiner Badeorgie!

Ich hoffte, noch mehr so duftende Aufträge zu erhalten, was aber nicht nochmal geschah. Nur die Frau des Gärtnermeisters, die meinen ungewohnten Duft erschnupperte, sah mich erstaunt an.

Bild Seite 24: Im Hinterstoisser-Quergang.

Fort(d).

Als ich im Jahr 1930 arbeitslos war, habe ich mich an dem Gemüsehandel eines Spezis beteiligt. Er war immer in Geldnot und konnte in der Großmarkthalle kaum einkaufen. Wenn man nix einkaufen kann, kann man auch nix verkaufen! Zuvor war er aber Ausfahrer einer Margarinehandlung. Als diese Firma Pleite machte und er schon monatelang keinen Lohn mehr bekommen hatte, erbat er sich als Entschädigung den Kastenwagen, ein Ford T-Modell (genannt Tin Lizzi). Die Firma, die ansonsten nichts mehr besaß, hat ihm auch gleich ihren zweiten, ebensolchen Wagen gegeben. Damit war mein Freund hoch zufrieden, und ich habe ihm ausgeholfen. Da mir eine Freundin 500 Mark Startkapital auslieh, konnte ich nun Teilhaber an diesem Gemüsehandel werden. Das Geschäft florierte anfangs sehr gut; aber nicht lange, denn die alten Fordwägen gaben bald ihren Geist auf. Schon morgens um 3 Uhr mußten wir im Winter unter dem Motor ein kleines Feuerchen anzünden, damit er sich erwärmte und dann ansprang, um rechtzeitig in der Großmarkthalle von München zum Einkaufen zu sein.

Unsere Fahrt ging zu den Händlern in den kleinen Dörfern um München bis Bayrischzell. Das war aber gar nicht so einfach, denn wir hatten mindestens 3 bis 4 Pannen bei jeder Fahrt. Da mußten wir z. B. das Rad abheben und den geplatzten Schlauch wie bei einem Fahrrad flikken, wieder aufmontieren und mit 600 Pumpstößen auf den richtigen Reifendruck bringen. Auch sonst hatte der Wagen viele Tücken, so daß ich mit der Zeit jede Schraube kannte. Vom zweiten Wagen haben wir die notwendigen Ersatzteile aus- und beim anderen wieder eingebaut. Scheibenwischer gab es damals auch noch nicht. Bei Schneefall mußte sich einer während der Fahrt auf die Motorhaube setzen und den Schnee ständig abwischen. Wenn es bergauf ging, konnten wir nur mit dem Rückwärtsgang hoch kommen. Im Sommer war das natürlich etwas einfacher. Wir nahmen gerne Anhalter, meist Wanderburschen, mit, denn wenn wir nicht hoch kamen, hatten wir Hilfe beim Schieben.

Der Wagen war schwarz gestrichen und hatte die Kastenform eines Leichenwagens. Eine Leiche hatten wir tatsächlich einmal zu transportieren. Zuvor aber hatten wir unsere Obst- und Gemüseeinkäufe in der Großmarkthalle getätigt. Dann fuhren wir zu dem Friedhof, wo wir die Leiche abholen sollten. Es handelte sich um die Umbettung eines vor Jahren Verstorbenen. Die Gebeine wurden uns in einer Kiste überreicht. Als wir diese in unseren Wagen stellen wollten, sind die Friedhofsmänner, als sie unsere Gemüseladung sahen, wie Taranteln hochgegangen. Mit einem Körbchen Kirschen beruhigten wir sie und überredeten sie so, die Kiste neben den Fahrersitz zu stellen. Einer von uns setzte sich hinten rein, aber nicht lange.

Einige Kilometer weiter haben wir die Kiste doch nach hinten umgeladen und darauf unsere Gemüsewaage gestellt. Niemand hat bemerkt, daß wir das Obst und Gemüse auf der Leichenkiste auswogen. Beim Empfänger, den wir in den Wagen nicht hineinschauen ließen, gaben wir die Leichenkiste ab und verlangten den Tarif für eine Sonderfahrt.

In Sauerlach gerieten wir einmal in eine Kuhherde, und wir ließen unseren Karren durch Ein- und Auskuppeln ein bißchen springen. Das hat eine Kuh so gereizt, daß sie mit ihren Hörnern in unseren Kühler hineinstieß. Das Ausrinnen des Kühlwassers haben wir von da an gestoppt, indem wir das Pulver des Zichorienkaffees ins Kühlwasser schütteten. Auch sonst hatte das Vehikel seine Mucken. Der Benzintank befand sich direkt unter dem Fahrersitz. Boden hatte der Wagen keinen drin, und das Auspuffrohr lief unter dem Benzintank rotglühend durch, was besonders bei Nacht Explosionsgefahr erahnen ließ. Explodiert ist das Auto zwar nie, aber der durchlöcherte Kühler verursachte im

Winter immer richtige Eiszapfen, die von unserer Zichorienmischung ganz braun herunterhingen.

Eines Tages, ich war allein mit dem Wagen von Pasing nach München unterwegs, gab es plötzlich einen Krach, und die Kurbelwelle war gebrochen. Es gelang mir gerade noch, an den Straßenrand zu rollen, und ich stand ratlos da.

Aus dem Kühlerdeckel quoll auch noch Dampf heraus, wie aus einer Lokomotive. Da ich nicht mehr weiterfahren konnte, also den Wagen stehen lassen mußte, montierte ich die Nummernschilder ab, um danach nicht als Eigentümer erwischt zu werden. Da kreuzte ein Gendarm auf und fragte mich, was da los sei. Ich erklärte ihm die Situation, für die er absolut Einsicht hatte. Er sagte mir: „Im Kühlerblock ist aber auch noch eine Nummer". Dann half er mir mit Hammer und Meißel, diese unkenntlich zu klopfen. Das war wirklich ein Polizist als „Freund und Helfer". Auf meine Frage, was jetzt mit dem Wagen geschieht, meinte er, daß der schon mal abgeholt wird.

Bild: „Anderl" mit Bruder Hans, 1935.

Einstieg.

Die Benediktenwand hatte es mir angetan.

Als ich nach der Lehre in Starnberg eine Stelle als Gärtner hatte, fuhr ich mit dem frühesten Zug zum Ausgangspunkt für die Benediktenwand, mußte aber in Tutzing umsteigen. Hier stieg ich versehentlich in den Zug, der zu meinem Entsetzen wieder zurück nach Starnberg fuhr. Gleich bei der ersten Station stieg ich wieder aus und lief eine Stunde zurück nach Tutzing, wo aber kein Zug mehr stand. Da machte ich mich zu Fuß die 15 km auf den Heimweg nach Starnberg. Es war noch recht früh am Morgen. Das Gartenhaus, in dem ich mit einem Kollegen schlief, war noch zugesperrt. Darum bin ich am Spalier hochgeklettert zum offenen Fenster und hab mich wieder ins Bett gelegt, wo der Kollege noch schlief. Als er erwachte, glaubte er, da schläft ein Fremder. Ich wurde recht unsanft geweckt. Da vor Mittag noch ein Zug nach Bichl ging, bin ich wieder zur Benediktenwand gefahren. Fast im Laufschritt an der Tölzer Hütte vorbei, erreichte ich den Wandeinstieg. Der Durchstieg durch die Wand selbst erschien mir viel kürzer als die Überschreitung.

Dies war meine „erste Klettertour". Am Abend war ich wieder zu Hause.

Seit meinem ersten Kletterversuch in der Benediktenwand hat mich das Kletterfieber ergriffen. Die nächste Tour war dann eine richtige Felskletterei auf die Kampenwand. Nun fühlte ich mich schon fast als Bergsteiger. Mein Bruder hatte mit einem Freund im Wilden Kaiser eine Tour ausgemacht. Es regnete aber derart, daß er gar nicht fort, aber seinen Freund auch nicht versetzen wollte. Er bezahlte mir die Fahrt nach Kufstein. Bei Nacht und Nebel stieg ich auf zur Stripsenjochhütte. Als ich richtig in den Nebel hineinkam, war es stockdunkel wie die ägyptische Finsternis, so daß ich die Hand nicht mehr vor den Augen sah. Es blieb mir nichts anderes übrig, als mich hinzusetzen und zu warten, bis es heller wird. Es wurde nicht heller, aber mir wurde es in dem nassen Zustand zu kalt. So setzte ich, den Hintern als Tastorgan benützend, den Aufstieg im Sitzen fort. Nach Stunden erreichte ich vor Tagesanbruch endlich die Hütte, getraute mich aber nicht, mich bemerkbar zu machen, sondern legte mich auf die Hausbank. Als es endlich heller wurde, sperrte die freundliche Tochter des Hüttenwirts auf, sah meinen jämmerlichen Zustand und holte mich herein, wies mir ein Lager im Schlafsaal zu und nahm meine Kleider zum Trocknen mit in die Küche. Die Sonne weckte mich wieder auf, und die Berge waren mit Schnee überzuckert, was mich tief beeindruckte.

Der Freund meines Bruders war nicht da, aber ein anderer Bergsteiger sortierte gerade seine Haken und Karabiner und war dabei, sein Seil einzupacken. Ich fragte ihn schüchtern, ob er klettern gehen wollte. Die Nordkante des Predigtstuhl möchte er versuchen. Ich bot ihm an, ihn zu begleiten. In meiner Begeisterung wäre ich mit ihm auch in die schwerste Wand eingestiegen, aber schon in der mäßig schwierigen Nordkante gab es Probleme. Ein kleiner Quergang führte zu einer Rißreihe, den mein Begleiter nicht bewältigte. Ich bat ihn, es mich einmal versuchen zu lassen. Ich benützte die Tritte, auf denen er stand und nicht rüberkam, als Griffe und war sogleich im Riß. Dann übernahm er wieder die Führung. Sobald es aber schwieriger wurde, ließ er mich wieder vorausgehen. Knapp unter dem Gipfel gibt es ein sehr ausgesetztes Band (Opelband), das er nicht schaffte und etwas von Umkehren sprach. Wieder ging ich vor, aber nicht durch dieses naß-schmierige Opelband, sondern einfach senkrecht hinauf zum Gipfel. Das etwas kurze Seil reichte nicht. Auf einem jämmerlichen Stand konnte ich auch schlecht nachsichern. Er schlug vor, ich soll doch einen Haken schlagen, den ich aber nicht hatte. Am Seil befestigte er nun Haken, Karabiner und Hammer, die ich hochzog.

So schlug ich den ersten Haken meines Lebens in den Fels. Trotz Sicherung kam der Gefährte nicht nach. Es blieb mir nichts anderes übrig, als auf seinen Wunsch zur Umkehr einzuwilligen. Bedächtig stiegen wir die ganze Nordkante wieder ab, und ich sicherte ihn von oben her über die schwierigen Stellen. In einen Riß verklemmt, wollte er auf keinen Fall mehr weiter, sondern biwakieren und um Hilfe rufen. Das brachte mich in Wut, und ich drohte ihm, wenn er nicht gleich weiter geht – denn es war ja noch hell –, werfe ich ihm Steine auf den Kopf. So kamen wir die Kante wieder hinunter. Als wir den Wandfuß erreicht hatten, war es tatsächlich stockdunkel. Jetzt wäre ich bereit gewesen zum Biwakieren, er aber suchte tastend nach unseren zurückgelassenen genagelten Bergschuhen – damals ging man im Fels noch mit leichten Kletterschuhen – und fand sie schließlich auch. So konnten wir den guten Steig hinauf zum Stripsenjoch gehen. Noch vor Anbruch des Tages sind wir hinaus nach Kufstein und erwischten den Frühzug nach München.

Mein Bruder hatte schon große Sorge, weil ich am Abend nicht zurückgekommen war, und eilte zum Bahnhof zum ersten Zug aus Kufstein. Er hat mich natürlich voller Freude empfangen. Meine Selbstsicherheit im Bergsteigen hatte gewaltig zugenommen.

Bild Seite 34: Nach dem Walker-Pfeiler mit Hermann, 1951.

34

Gefährten.

Auf der „Hochempor-Hütte" am Spitzing verbrachte ich im Winter 1929/30 meine Arbeitslosenzeit. Unter der Woche war ich meist allein und wartete schon sehnsüchtig auf die Freunde, die mir auch immer etwas an Verpflegung mitbrachten. An einem Wochenende, als es stürmte und schneite, ist niemand gekommen, und ich hatte schon seit Donnerstag nichts mehr zu Essen gehabt. Mein Bruder lebte in Bayrischzell und er war mit meiner unsteten Lebensweise gar nicht einverstanden. Aber wohin sollte ich sonst als zu ihm? So habe ich mich zu dem schweren Gang entschlossen, per Ski über das Rotwandhaus durchs Kleintiefental nach Bayrischzell zu gehen. Im Kleintiefental hatte die DAV-Sektion Bayerland-München eine Hütte, und als ich dort vorbei kam, rief mir einer zu: „Anderl, komm' rein und trink' einen Tee!" Das ließ ich mir natürlich nicht zweimal sagen. Zum Tee hat er auch noch eine Brotzeit aufgetischt. So geht das dann – ich blieb bei dem Freund ein Vierteljahr lang.

Wir wurden mitverpflegt von den reichlichen Beständen einer nebenstehenden Militärhütte. Als ich in die Bayerländer-Hütte einkehrte, war es Februar, und ich blieb dort bis Mai. Der Schnee wurde mit der Zeit weniger. Am Schluß *im Mai lag er nur noch in den Rinnen, und uns ist ein interessantes, aber gefährliches Spiel eingefallen, indem wir den Firnbelag in den Rinnen durch scharfes Hineinschwingen zum Abrutschen brachten. Mit der Zeit wurden wir immer frecher und sind ausgerückt zum „Lawinen-Tratzen" (= reizen). Einmal ist es allerdings doch schief gegangen, als einer mitmachte, der unsere Technik noch nicht so ganz beherrschte. Ihn riß es mit der losgetretenen Lawine in die Tiefe, und er zog sich ernsthafte Verletzungen zu. Er mußte sehr lange Zeit im Krankenhaus verbringen, bis er wieder hergestellt war.*

D*ie damaligen Extrembergsteiger von München schlossen sich in dem Privatclub „Hochempor" zusammen. Schon unsere Vorgänger haben diesen Club nach dem 1. Weltkrieg gegründet und sie erwarben 2 Berghütten: eine am Spitzing und die Bockhütte im Reintal. Wer Mitglied werden wollte, mußte ein Extrembergsteiger sein und wurde erst aufgenommen, wenn er Schafkopf spielen konnte. Bei der allwöchentlichen Versammlung wurde in freier Rede erzählt, welche Touren man am Wochenende gemacht hatte. Hernach setzte man sich zum Schafkopfen zusammen.*

Eines der originellsten Mitglieder war der Fischer Franzä (das „ä" am Ende seines Vorna-

mens gehört durchaus dazu und erfährt sogar eine gewisse Betonung, zugleich drückt es eine vertraute und freundschaftliche Beziehung aus). Er war gelernter Bäcker, und nach seiner Aussage hatte er am „Doag" (Teig) angefangen. Somit war er Frühaufsteher, was ihm in seiner späteren Laufbahn als Bergführer und Hüttenwirt sehr zugute kam. Außerdem spielte er auf seine Art Zither. Dabei war er sehr flexibel in der Wahl seiner Stücke. Einmal, mitten in seinem Spiel, erschien ein Mann in der Tür und meldete aufgeregt einen tödlichen Bergunfall – sofort schaltete der Franzä um auf einen Trauermarsch. Niemand durfte in der Oberreintalhütte aufstehen, bevor sein Zitherstückl zu Ende war. Er war immer der letzte, der ins Lager ging und der erste, der aufstand, auch wenn es morgens um 2 Uhr war.

Franzä war verliebt in die Tochter Resi vom Hüttenwirt des Reintal-Angerhauses. Wenn gerade kein Bergsteiger auf der Oberreintalhütte war, sauste Franzä abends auf das Reintal-Angerhaus, wohin man normalerweise 4-5 Stunden benötigt, zu seiner Resi. Trotzdem war er am frühen Morgen wieder auf seiner Oberreintalhütte. Man sieht, auch Liebe verleiht eine große Motivationskraft fürs Bergsteigen!

Mit Brehm Hans und Ertl Hansä, damals

schon bekannte Kletterer, machte ich eine Dolomitenfahrt, natürlich per Fahrrad. Zum Gepäcktransport konstruierte uns Hansä ein Gigwägelchen. Es hat sich nicht bewährt, da es der drückenden Last nicht gewachsen war und des öfteren ein Rad verlor. Am Schluß trugen wir nicht nur unsere Rucksäcke, sondern auch den Gig auf der Schulter.
Für uns waren nun die ganz großen Wände „reif" geworden. Zuerst durchstiegen wir die Civetta Nordwestwand. Dann war die 2. Begehung der Sass-Maor-Ostwand fällig. Dazu mußten wir das Rad über mehrere Pässe schieben. Bei einer Abfahrt flatterte uns ein Huhn ins Fahrrad. Das kam uns gar nicht ungelegen, und wir drehten dem Huhn den Kragen um. Dabei beobachteten uns die Bauern, die von ihrem Feld mit Rechen und Mistgabeln auf uns zustürmten. Wir ergriffen schleunigst die Flucht. Mich hätten sie beinahe erwischt, denn bei der Abfahrt hatte ich meine defekte Felgenbremse mit Draht zugebunden. Nun ging's zum Rollepaß bergauf, hinter mir die aufgeregten Bauern. Ich strampelte um mein Leben mit der festgezurrten Bremse bergauf. Den Bauern ging aber die Luft schneller aus. Ungeschoren schoben wir dann unsere Räder auf den Rollepaß, und auf einer Alm wurde das Hühnchen von Hansä kunstgerecht am Feuer gebraten.

Mit dem Gig in die Dolomiten, 1930.

Für meine Wintertouren hatte ich einen Clubfreund gewonnen, Bartl Hütt. Wir waren zusammen auf unserer Hütte am Spitzing und unternahmen eine kleine Skitour. Dabei schlug Bartl vor, zusammen auf eine größere Skiwanderung in die Ötztaler und in die Silvretta zu gehen. Ich antwortete ihm: „Ich kann ja noch gar nicht recht Skifahren." – „Das macht nichts, das lernst Du dann unterwegs." Einen besseren Kameraden hätte ich mir gar nicht wünschen können. Bartl war ein Schwerathlet; er hatte Arme wie ich Schenkel. Wir hatten aber kein Geld, und er meinte, wenn wir auf das Geld warten, kommen wir nie fort. So sind wir in dem schneereichen Winter 1930 im März losgezogen mit zusammen 30 Mark in der Tasche. Unsere Freunde fragten uns: „Auf wie lange wollt Ihr denn fort bleiben?" Wir antworteten: „So lange, bis es keinen Schnee mehr gibt", denn Zeit hatten wir als Arbeitslose genug.

Damals verwendete man zum Aufstieg kaum Steigfelle. Es gab dafür Steigwachs in verschiedenen Sorten. Das beste war ein Klister, den wir uns aber nicht leisten konnten. Wir kamen auf die glorreiche Idee, Klister selbst zusammenzubrauen. Da braucht man nur dünnflüssigen Rotholzteer und, um die richtige Konsistenz zu schaffen, konnte man dazu Schallplatten schmelzen, damals noch aus Schellack. Bei

Bartls Mutter nahmen wir einen großen Topf, erhitzten die Teermasse und bröckelten die Schallplatten hinein. Die Masse wurde dadurch wieder zu dick, worauf wir Teer nachgossen. Bald reichte uns der Topf nicht mehr, und wir nahmen zum Entsetzen seiner Mutter einen zweiten, bis endlich der gewünschte Erfolg eintrat. Den so gewonnenen Klister füllten wir in verschließbare, kleine Marmeladebüchsen ab. Wir meinten ja, einen Vorrat für ein Vierteljahr zu brauchen.

Unsere Skitour begannen wir in Garmisch und stiegen zuerst auf die Bleispitze. Ein Bauernbub kam uns auf seiner Abfahrt entgegen mit nur einem Ski; den gebrochenen hatte er auf der Schulter und mit dem einen Ski fuhr er gekonnt durch den steilen Wald. Wir haben nur so gestaunt und wußten, daß wir das ja nie so lernen würden. Die Abfahrt wählten wir direkt zum Fernpaß, ohne zu ahnen, in welches Gelände wir da hineingeraten. Natürlich schmiß es uns abwechselnd, und mir brach dabei ein Skistock. Am Fernpaß recht und schlecht angekommen, bauten wir unsere Ski zusammen und machten daraus einen Skischlitten, auf dem wir unsere schweren Rucksäcke transportierten. In Ötz leisteten wir uns den Omnibus nach Zwieselstein. Während der Fahrt verlor der Bus sämtliche Ski mit Zubehör. Der Busfahrer fuhr die Strecke zurück und sammelte alles wieder ein.

Es fehlte nichts, außer mein Stock, den ich ja schon vorher nicht mehr hatte. Der Chauffeur aber, etwas schuldbewußt, verschaffte mir einen Ersatz. Ich hatte braune Bambusstöcke, und er brachte mir dann einen weißen und entschuldigte sich vielmals, daß er keinen braunen aufgetrieben hatte. Großzügig, wie ich war, „verzieh" ich ihm das und nahm den weißen Stock dankend in Empfang, so daß meine Ausrüstung wieder komplett war.

Beim Aufstieg kam unser selbstgebrauter Klister zur Anwendung. Es funktionierte aber nicht recht, denn sogar feuchter Schnee blieb dauernd am Ski pappen. Die Klisterbüchsen haben uns im Rucksack so sehr belastet, daß wir schier verzweifelten. Nach und nach warfen wir einen Kübel nach dem anderen weg, denn unser Klister bewährte sich sowieso nicht.

Bei den Hütttenwirten gestanden wir gleich, daß wir kein Geld hätten, daß wir aber jede Arbeit und jeden Auftrag übernehmen würden. Anfänglich waren sie sehr mißtrauisch, jedoch unsere Arbeitswilligkeit schätzten sie bald hoch ein, und so ging uns dann ein guter Ruf von Hütte zu Hütte voraus. Es war gerade Osterzeit, und die meisten Hütten waren überfüllt. Da fand sich für uns Arbeit genug. Wir holten z. B. zusätzlichen Proviant vom Tal herauf. Am Bahnhof kamen die Gäste schwer bepackt an. Wir stellten uns zur Verfügung, einen Teil ihres Gepäcks auf die Hütte zu tragen, wenn sie dort oben die Verpflegung für uns übernehmen. Das hat immer prima geklappt. Aber, als ich später selbst als schwer bepackter Tourist irgendwo ankam, habe ich nie jemand getroffen, der mir mein Gepäck erleichtert hätte. Die Verpflegung hätte ich gern übernommen.

Sechs Wochen waren Bartl und ich schon im Ötztal und in der Silvretta unterwegs. Wir saßen gerade auf der Tübinger Hütte und hielten wieder einmal Kassensturz. Dabei kamen nur zwei Schillinge zutage. „Was machen wir? Gehen wir heim oder schleichen wir uns über die Grenze in die Schweiz?" – „Zum Heimfahren reichen die zwei Schillinge auch nicht, gehen wir in die Schweiz!"

In Klosters war es schon Frühling. Probieren wir es erst einmal auf einem Bau, ob wir da was verdienen können. Überall hätten sie uns gerne genommen, aber das war gegen die Bestimmungen. Dann versuchten wir es in einer Gärtnerei. Natürlich hatte ich keine Zeugnisse bei mir. Der Meister war erst mißtrauisch. Als ich ihm aber in einem Frühbeetkasten all die verschiedenen Pflanzen aufsagen konnte und er meiner Versicherung, daß ich auch von der Gartengestaltung etwas verstehe, Glauben schenkte, war er hell begeistert, besorgte uns

Quartier – und das andere würde er schon richten. Wir sollen nur mal zu seiner Frau gehen und uns verpflegen lassen. Das ließen wir uns nicht zweimal sagen, hatten wir doch einen achttägigen Kohldampf im Bauch.
Es war gegen Abend, die Frau stellte eine riesige Schüssel mit Nudeln und Kompott auf den Tisch und forderte uns auf, ruhig anzufangen; die anderen werden bald kommen. Das war ein Fehler, bei unserem Hunger konnten wir uns nicht beherrschen, und Bartl, der normal schon für zwei aß, hat für vier gegessen und ich für zwei der nichtanwesenden Tischrunde. Im Nu war alles verputzt. Als der Meister mit seinen Gesellen eintraf und nichts mehr vorfand, machte er ein dummes Gesicht. Seine Frau war geradezu entsetzt, daß wir in dieser kurzen Zeit alles vertilgt hatten. Ungastlichkeit kann man aber den Schweizern nicht nachsagen. Als sich die anderen mit Kaffee und Brot begnügen mußten, haben wir nochmals kräftig mitgehalten.
Am nächsten Tag begannen wir unsere Arbeit. Ich pickierte kleine Pflänzchen, Bartl sollte aus dem Glashaus Erde herausfahren. Er nahm die Schaufel, spuckte in die Hände, holte aus und stieß mit dem Stiel durch das Glasdach. Einen Elefanten soll man eben nicht in ein Glashaus stellen.

Bartl und Anderl auf der Monte Rosa-Hütte, 1931.

Als nach einigen Tagen durch das Einschreiten der Behörden unsere Tätigkeit beeendet wurde (uns war das gerade recht), sind wir mit unseren Ski über die Vereinahütte ins Engadin zur Bernina gezogen.

Auf der Bovalhütte trafen wir zwei berühmte Wiener Bergsteiger, Dobiasch und Vaitl, die am anderen Tag mit ihren Touristen zum Piz Palü hinaufspurten. Wir wollten eigentlich einen Tag ruhen, doch das schöne Wetter und die schöne Spur waren zu verlockend. Wir sind am späten Vormittag noch aufgebrochen und haben die Partie am Gipfel eingeholt. Statt Anerkennung holten wir uns einen Anraunzer, wegen Nachlaufens in der Spur. Wir hatten geglaubt, Berühmtheiten müßten über so etwas erhaben sein. Am nächsten Tag sind wir um drei Uhr aufgestanden und haben die Spur auf die Bernina gelegt. Diesmal waren es die Herren Vaitl und Dobiasch, die nachkamen. Sie sparten dann aber nicht mit anerkennenden Worten über unsere Spur. Vaitl bekam große Augen, als er meinen Anorak mit Kapuze sah. 1930 war so ein Bekleidungsstück noch völlig unbekannt. „Wo hast Du denn den her?" Ich erzählte ihm, daß ich ihn am Einstieg der Civetta gefunden habe. „Dann ist es ja der meinige, ich habe ihn aus Lappland mitgebracht und unter der Civetta liegenlassen." Solche Zufälle gibt es. Die Freundschaft war geschlossen, und wir hatten keine

Sorgen mehr wegen Verpflegung und Übernachtungsgebühren.

Jahre später, als ich als Skilehrer in Davos tätig war, traf ich Dobiasch wieder. Er fuhr mit mir und meiner Gruppe nach Klosters. Auf dem letzten Hang stürzte er so unglücklich, daß er mit dem Kopf an einen faustgroßen Stein schlug und sofort tot war.

Ende Mai dachten wir allmählich an die Heimreise, nachdem wir 3 Monate im Gebirge waren. Die Ski und alles, was wir entbehren konnten, schickten wir von St. Moritz aus nach Hause. Wir selbst begannen unseren Weg auf Schusters Rappen. Dabei ärgerte uns ein Seil, das wir vergessen hatten mitzuschicken, mußten wir es doch jetzt als unnötigen Ballast schleppen. Das war aber ein Irrtum.

Kurz vor Zuoz im Engadin, als wir in einem Heuhaufen nächtigten, zog uns ein Bauer bei Morgendämmerung an den Füßen heraus und schimpfte in seiner räto-romanischen Sprache ganz furchtbar. Ich fand, es wäre an uns gewesen zu schimpfen, weil er uns unnötig weckte. Als er gar nicht mehr aufhörte, sagte ich zu Bartl nur: „Hau ihm eine runter!" Auf das hat Bartl nur gewartet, und im nächsten Moment tauchte der Bauer etwas unfreiwillig mit dem Kopf ins Heu. Dann rannte er auf das nächste Dorf zu.

Da unsere Nachtruhe schon mal gestört war, haben wir uns auch auf die Socken gemacht und sind naiv und ahnungslos in das Dorf marschiert, als uns plötzlich drei Männer den Weg versperrten. Einer davon war der Bauer und ein anderer der Polizist, aber in Zivil. Das war der kritischste Augenblick der ganzen Fahrt. Ein unrechtes Wort, und es wäre zu einer gewaltigen Rauferei gekommen.

Bartl stand schon entsprechend in freudiger Erwartung da. Der Gendarm beschwichtigte: „Macht doch keine Dummheit, wir wollen ja nur wissen, wer ihr seid und ob ihr nicht im Fahndungsbuch steht!" Das leuchtete uns ein, und wir gingen brav mit. In einem Haus führten sie uns eine steile Treppe empor, ließen uns höflich den Vortritt in ein Zimmer, knallten hinter uns die Tür zu und sperrten ab. Das war aber gar nicht fein, uns so in eine Falle zu locken. Aus dem Fenster schauend, stellten wir fest, daß wir in einem Turmzimmer eingesperrt waren und eine glatte Mauer von zehn bis zwölf Meter bis hinunter in einen Garten ging. Zu was haben wir das Seil dabei? Nach ein paar Minuten standen wir unten. Bergsteiger mit Seil soll man halt nicht in einen Turm sperren!

Das Balkon-Gefängnis in Zuoz, 1931.

ESTE PARES ET OB HOC CONCORDES VIVITE NAM VOS
ET DECOR ET CANTVS ET AMOR SOCIAVIT ET ÆTAS

Ein Jahr später waren Bartl und ich monatelang mit Ski im Berner Oberland und im Wallis. Bei der Heimfahrt in der Nähe des Lago Maggiore radelten wir, uns unterhaltend, eine Straße hinunter. Da rief uns ein Mann nach: „Ihr seid ja Deutsche!" Wir waren braun gebrannt wie Kaffeebohnen. Das ist ihm wohl aufgefallen. Er lud uns ein, in sein Haus zu kommen, und wollte uns bewirten. Dazu kauften wir die nötigen Lebensmittel ein. Bartl sollte die Kocherei übernehmen, während der Mann, der sich als Deutscher und als Lehrer vorstellte, mir die Sehenswürdigkeiten des Ortes zeigte. Inzwischen hatte Bartl gekocht, er schaute verärgert zum Fenster hinaus und drehte uns sein Hinterteil entgegen, als wir zurückkamen. Ich fauchte ihn an, er soll sich normal benehmen und an den Tisch setzen. Während des Essens war Bartl noch in einer mir unverständlichen Wut, und ich gab ihm Tritte unterm Tisch ans Schienbein. Das steigerte seine Wut, er sprang auf, warf den Tisch samt Geschirr und Essen um und ging auf mich los.

Bartl war der viel Stärkere, aber ich der Schnellere. Ich wich seinem ersten Ansturm aus, und er fuhr mit der Faust durch die Glastüre. Das verstärkte nochmal seinen Zorn, und ich flüchtete hinter ein Klavier, das quer zu einer Zimmerecke stand. Das war für Bartl kein Problem. Er schmiß das Klavier um und wollte mir an die

Gurgel fahren. Durch Abducken kam ich ihm wieder aus. Er hetzte mir nach, dabei fielen noch einige Möbelstücke um. Der Lehrer stand verdutzt in einer Ecke. Nachdem ich Bartl einen Schlag ans Kinn versetzt hatte, kam er wieder zu sich. Über die Verwüstung im Zimmer waren wir selbst entsetzt, entschuldigten uns bei dem Lehrer, der nur sagte: „Bin ich froh, daß Ihr kein Messer genommen habt." Fluchtartig verließen wir das Haus. Schon nach einigen Kilometern fielen wir uns um den Hals. Alles war vergessen. Diese Aggression war wohl die Reaktion unserer langen „Zweisamkeit" in den Bergen, die sich bei dem armen Lehrer entladen hatte.

Einer unserer Kameraden kam während des III. Reichs, weil er „quer" gedacht und das auch noch laut ausgesprochen hatte, in ein Konzentrationslager. Als er nach 2 Jahren wieder entlassen wurde, kehrte er kahlgeschoren zurück. Damit er nicht so auffällt, haben wir uns ebenfalls alle den Kopf kahlscheren lassen.

Das wurde dann fast zur Mode, denn auch andere, die nicht zu unserer Bergsteigerclique gehörten, machten sofort mit.

In den 30er-Jahren fand ein Staffellauf im Winter vom Rotwandhaus zum Spitzing und dann *weiter bis Tegernsee statt. Ich hatte die 1. Strecke. Vor dem Start bekam ich ein menschliches Rühren vor lauter Aufregung. Ich setzte mich auf das Plumpsklo. Plötzlich gab es einen fürchterlichen Knall, hervorgerufen durch Gase, die sich unter der vereisten und verhärteten Kruste gebildet hatten. Ich flog gleich 1/2 Meter hoch und war voller Unflat. Von draußen kam ein hönisch-höllisches Gelächter, denn da wollte gerade einer herein, als die Explosion stattfand. Ich opferte meine Unterhose und reinigte mich, so gut es ging. Die Kameraden, die auf ihren Start warteten, schauten mich naserümpfend und komisch an.*

Vom Rotwandhaus ging es zu einem Sattel bergauf und dann erst hinunter zum Spitzingsee. Mit meinem Bauch voll Wut habe ich 2 Läufer, die je 1 Minute vor mir gestartet waren, überholt. Bei der Abfahrt haute es mich natürlich einige Male fürchterlich in den Schnee, was damals so üblich war. Beim Stafettenwechsel wurde ich wieder komisch naserümpfend angesehen, und ich flüchtete mich so schnell wie möglich in unsere Skihütte vom Alpinen Club „Hochempor". Dort entledigte ich mich meiner stinkenden Hose, die ich in eine Ecke im Stall schleuderte. Ein Kamerad gab mir eine Reservehose, und ich hatte nach Beendigung des Laufs die Lachsalven meiner Freunde über mich ergehen zu lassen. Als meine Wut einigerma-

ßen verflogen war, konnte ich dann auch mitlachen.

Kröner Gustl stammte aus Traunstein und hatte nicht nur eine ausgesprochene Frohnatur, sondern war auch ein künstlerisch begabter Maler. Mit ihm gewann ich einen meiner besten Freunde.

Wir lernten uns 1931 im Wilden Kaiser kennen und verstanden uns auf Anhieb. Ihm war ein Jahr zuvor eine der schwierigsten Eistouren gelungen, und ich hatte die schweren Wände im Wilden Kaiser und in den Dolomiten gemacht.

Daraufhin beschlossen wir zusammen zu gehen, um eine der großen noch unbestiegenen Nordwände des Matterhorns, der Grandes Jorasses oder des Eigers zu versuchen. Es wurde aber nichts daraus. Unsere Versuche an den Grandes Jorasses scheiterten, denn 1930 gab es einen außergewöhnlichen Schlechtwettersommer.

Im darauf folgenden Jahr vereinbarten wir, angeregt durch die Alpenvereinssektion Bayerland in München, der wir beide angehörten, eine 4-Mann-Expedition in den Hohen Atlas zu unternehmen. Das Geld, das wir dafür von Bayerland erhielten, war nicht gerade üppig bemessen, und so beschlossen wir, ganz einfach die Reise mit dem Fahrrad anzutreten. Natürlich waren dies keine leichten Rennräder mit vielen Gängen, sondern einfache Stahlrösser, auf denen wir hinten und vorne einen Gepäckträger montierten, um unsere Rucksäcke zu transportieren. So radelten wir durch die Schweiz, durch Frankreich hinein nach Spanien. Spanien war aber größer als wir dachten.

Zudem mußten wir über Madrid wegen eines Visums für Marokko fahren, das wir ohne Schwierigkeiten erhielten.

In Schwierigkeiten sind wir erst geraten, als wir uns in einem Park vor dem pompösen Postgebäude auf einer Bank zur Nachtruhe begeben wollten. Es war gerade so ein kleines Revolutiönchen im Gang, und irgendwelche Flüchtende sausten an uns vorbei. Hinterdrein kam die Polizei. Da sie die Flüchtigen nicht erreichen konnten, nahmen sie uns fest. Unsere Eispickel schienen ihnen sehr verdächtige Mordinstrumente zu sein. Auf der Wache wurden wir erst einmal in eine Zelle gesperrt, wo zu unserer großen Genugtuung ganz passable Liegestätten waren. Kaum aber hatten wir es uns gemütlich gemacht, als wir auch schon wieder herausgeholt und zum Verhör geführt wurden. Ein Dolmetscher übersetzte, doch vom Alpinismus hatten sie nur eine ganz vernebelte Vorstellung. Immerhin wurden sie etwas freundlicher.

Als ein Alpinist aufgetrieben wurde, der deutsch sprach, wurde der Ton sogar herzlich. Sie spendierten uns Kaffee und Zigaretten, und wir mußten genau erklären, wozu der Eispickel dient, wie Seil und Haken angewendet werden. Unsere schweren Trikuni-Bergschuhe, d. h. mit einem besonderen Eisenbeschlag versehen, fanden vor allem Aufmerksamkeit, hatten sie doch so etwas noch nie gesehen. Man wollte uns wieder laufen lassen. Da wir aber kein Quartier hatten und das Übernachten im Freien zu gefährlich erschien, durften wir im Kittchen bleiben. Am nächsten Tag wurden wir mit einer Eskorte zur Bahn gebracht. Das war für uns ein ganz unerwartet großer Vorteil, denn auf dem Bahnhof herrschte ein riesiges Gedränge und Getümmel. Die Züge waren total überfüllt. Ohne unseren „Begleitschutz" hätten wir nie einen Platz gefunden!

Von Marrakesch aus sahen wir unser Ziel, den Hohen Atlas, noch nicht, dafür aber umso mehr von der Oasenstadt, die sich in ein Europäer- und ein Araberviertel teilt. Dazwischen war ein wundervoller Palmenhain, in dem wir uns häuslich niederließen. Wieder ergaben sich unerwartete Schwierigkeiten. Marrakesch war vor noch gar nicht so langer Zeit, wie man sagte, „friedlich" unterworfen worden. Unser Zielgebiet im Hohen Atlas lag jenseits der Demarkationslinie. Um die Erlaubnis zu erhalten, diese

Linie zu überschreiten, sollten wir eine Kaution hinterlegen, wofür wir das Geld nicht besaßen. Dafür hatten wir Empfehlungsschreiben vom Deutschen Alpenverein und vom Schweizer Alpenclub. Das mußte erst nachgeprüft werden. Telegramme gingen hin und her. Das dauerte mehrere Tage, die wir, soweit es Gustl und mich betraf, nicht ungenützt vergehen lassen wollten.

Unsere Erkundungen im Araberviertel „Medina" wurden immer ausgedehnter, und bald hatten wir heraus, daß das eigentliche Leben erst nach Sonnenuntergang begann. Der Marktplatz belebte sich. Märchenerzähler und Schlangenbeschwörer fanden ihren Hörer- und Zuschauerkreis. Dazwischen gab es Stände, die allerhand Leckerbissen anboten. Wir naschten auch davon, und neben uns standen zwei tiefverschleierte Araberinnen, die uns mit ihren Augen anblitzten. Die Blitze schlugen ein, wir packten sie unterm Arm und bedeuteten, daß wir zu ihnen gehen möchten.

Damit die Sache auch den nötigen Schwung bekam, erstanden wir noch eine Flasche Wein, und erwartungsvoll ließen wir uns führen. Das Viertel wurde düsterer und dunkler, bis endlich eine der Frauen an ein Tor klopfte, das geöffnet wurde. Ein romantischer, mit mehreren Petroleumfunzeln erhellter Innenhof tat sich auf. Auf

Matten kreuz und quer schliefen oder dösten Araber und nahmen von uns keinerlei Notiz. Im Hintergrund führte, völlig unromantisch, eine eiserne Treppe zu einer Zellenreihe im oberen Stock empor. In eine dieser Zellen führten uns unsere Schönen; wir ließen uns auf den arabischen Lederpolstern erwartungsvoll nieder.

Viel reden konnten wir nicht, dafür um so mehr greifen. Um die Stimmung zu heben, prosteten wir uns erst einmal zu und reichten die Flasche, großzügig wie wir waren, auch unseren Eroberungen. Bei der Gelegenheit wollte es Gustl genau wissen, was wir uns da eingehandelt hatten, und riß der einen den Schleier vom Gesicht.

Darauf sahen wir eine platte Nase, aufgeworfene, mit Schorf bedeckte Lippen, und die Jüngste konnte sie auch nicht mehr sein. Entsetzt sprangen wir auf, die beiden fingen zu schreien an wie aufgespießt. Wir packten unsere Flasche Wein, stürmten zur eisernen Treppe und sausten diese mit unseren Nagelschuhen hinab, daß die Funken sprühten. Ich tappte einem Schlafenden auch noch auf den Bauch. Im Nu war ein Aufruhr in der ganzen Behausung, daß sich kein Mensch mehr auskannte. Wie durch ein Wunder ging das Tor auf, und wir kugelten auf die Straße. Ich lag noch im Dreck und rief: „Gustl, hast' Dir was getan?" – „Nix feit, bin scho' da!" In diesem Augenblick pa-

troullierten Soldaten der Fremdenlegion durch die Straße, und einer rief ganz erstaunt: „Ihr seid ja Deutsche? Da habt Ihr aber Glück gehabt!" Beim Anblick der Legionäre wichen die Araber zurück, das Tor donnerte zu, und wir erhoben uns. Wir hatten wirklich Glück gehabt, so aus dem gefährlichen Viertel hinauszukommen.

Unsere neugewonnenen Freunde, die Legionäre, wollten uns Marrakesch zeigen und führten uns geradewegs in ein Bordell. Da saßen die „Damen" unverschleiert in nachthemdartigem Gewand und machten uns schöne Augen. Einer nach dem anderen verschwand mit einer Auserwählten, auch der Gustl packte eine „z'am". Nur ich saß herzklopfend da und dachte genau das, was Karl Valentin so klassisch formulierte: „Woll'n hätt i schon, aber dürfen hab' i mir nicht getraut." Mit dem mitleidigen Blick der Legionäre, „da kann man halt auch nichts machen", verließen wir das „freie" Haus. Sie führten uns auf verschlungenen Gassen zu einem Viertel, in dem Frauen und Kinder der Araber eingeschlossen werden, die aus der Wüste kommen und nach Casablanca weiterziehen, um ihre Geschäfte zu tätigen. Das Viertel wurde schwer bewacht. Die Legionäre durften es nicht betreten. Uns aber als Touristen, nachdem wir uns ausgewiesen hatten, wurde der Zugang nicht verwehrt. Drei Tage und

Nächte blieben wir in diesem Viertel. Geld hatte keine Bedeutung, aber meine Unschuld war dahin.

Die Abenteuer mit Gustl rissen niemals ab. Als wir 1931 wegen Unwetters wiederum gezwungen waren, uns von der Besteigung des Requin, eines Turms der Aiguilles von Chamonix, zurückzuziehen, kam uns die Idee, dorthin zu fahren, wo es Haifische gibt, denn Requin heißt ja Haifisch. Wir fackelten nicht lange, schwangen uns auf die Räder und radelten gen Süden. An einer Straßenkreuzung stand auf einer Tafel: 250 km nach Nizza. Also bogen wir links ab nach Nizza und radelten dann die Riviera entlang bis Marseille. Auf der Rückfahrt nach Chamonix waren vor uns gerade die Tour de France-Fahrer unterwegs. Wir radelten mit unseren Stahlrössern hinterher und wurden in den verschiedenen Dörfern zu unserer Überraschung von den Zuschauern, die am Straßenrand standen, begeistert empfangen. Von den Rennradlern hatte ja keiner Zeit abzusteigen – aber schließlich waren wir ja auch Radfahrer, und genossen diese Ehrungen.

Bild Seite 60: Nachtlager in einer Höhle. Marokko-Fahrt, 1932.

Wieder auf unserer schon zur Heimat gewordenen Leschauxhütte, beschlossen wir, die Crépon-Ostwand zu ersteigen. Unter der Wand war eine Randspalte nicht zu überschreiten. So sind wir am südlichen Ende des Gletschers über eine sehr schwierige Wand emporgeklettert, bis wir in das leichtere Gelände kamen. Wie schon so oft, bedrohte uns ein Wettersturz, und wir suchten einen Schutz unter Felsen. Wir glaubten eine Fata Morgana zu erblicken, als wir plötzlich bei Hagelschlag mitten in der Wand eine Hütte fanden, von der uns nichts bekannt war. Schnell schlüpften wir hinein und waren überrascht von der Größe und Einrichtung dieser Biwakhütte. Im Hüttenbuch stellten wir fest, daß wir die dritten Besucher waren. Am nächsten Tag mußten wir die Tour wieder abbrechen und uns zurückziehen. Da erst erfuhren wir, daß ein Amerikaner diese Hütte unter beträchtlichem Kostenaufwand hatte erstellen lassen.

Diesen Amerikaner lernte ich noch persönlich kennen, denn mein Clubkamerad Leo Rittler war bereits Bergführeranwärter und hatte den Auftrag, mit dem Amerikaner die Scharnitzspitze-Südwand zu machen.

Einige Tage vorher hat Leo mit einem Freund im Wilden Kaiser eine sehr schwere Tour gemacht, *dabei stürzte der vorausgehende Freund tödlich ab. Nun forderte mich Leo auf mitzugehen, denn das Unglück hatte ihn nervlich doch belastet. Dies war meine erste Führungstour. Als Leo selbst an den Grandes Jorasses im Mont-Blanc tödlich abstürzte, kam mir die naive Idee, an seiner Stelle die Bergführerprüfung abzulegen, denn ich hatte ja den gleichen Werdegang, nur keine Anwärterzeit. Dazu nahm ich Verbindung mit dem bekannten Bergsteiger Dr. Wilo Welzenbach, Stadtrat in München, auf. Er bat sich eine Bedenkzeit wegen meines seltsamen Ansinnes aus, sagte mir aber, er würde sich überlegen, was er da machen kann. Dr. Welzenbach war eine sehr einflußreiche Persönlichkeit, und durch seine Fürsprache erreichte er, daß ich ohne die damals noch 3jährige obligatorische „Trägerzeit" zur Prüfung zugelassen wurde.*

Im Alpenverein München hielt 1931 der bekannte Bergsteiger Walter Stösser einen Vortrag über seine Durchsteigung der Drusenfluh-Südwand. Diese Besteigungen waren bisher sehr dramatisch verlaufen, denn die zweite, die vierte, die sechste und die achte endeten tödlich. Stösser, der die neunte Begehung gemacht hatte, warnte vor der zehnten.

Dies wollten Gustl Kröner und ich genau wis-

sen. Als wir auf der Fahrt – natürlich mit dem Fahrrad – in die Westalpen unterwegs waren, kamen wir am Tal von Bludenz vorbei. Spontan fiel uns ein: da könnten wir ja die berüchtigte zehnte Partie, die auch vom Unglück verfolgt sein sollte, machen. In der Wand fanden wir tatsächlich noch Tote, die am Seil hingen. Nach unserer glücklichen Durchsteigung meldeten wir dies bei der Polizei. Sie schickte uns zum Bürgermeister, der Bürgermeister zum Pfarrer und der Pfarrer wieder zur Polizei. Wir hatten uns angeboten, die Verunglückten aus der Wand zu bergen. Niemand von den amtlichen Stellen hatte daran Interesse! Daraufhin setzten wir unsere Fahrt fort in die Westalpen.

***W**ir hatten – wie üblich – uns kaum einmal eine richtige Mahlzeit leisten können. So kamen wir nach Luzern mit einem mordsmäßigen Kohldampf. Gustl hatte eine wunderbare Idee: Wir fuhren zum Bahnhof, suchten uns einen Hotelhausmeister aus, der das vornehmste Hotelschild auf seiner Mütze trug. Gustl fragte ihn scheinheilig, wie der Chefkoch in seinem Hotel heißt, dem wir Grüße ausrichten sollten, wir aber dessen Namen vergessen hätten. Natürlich nannte er uns bereitwilligst den Namen. Sofort radelten wir zu besagtem Hotel und gingen leicht in die Knie, denn es war wirklich das vornehmste Hotel am Platze. Ich wäre am liebsten* *umgekehrt, nicht so Gustl. Durch den Portier ließen wir uns beim Chefkoch anmelden, und ein Hotelboy führte uns in die Küche, wo uns der Chefkoch erwartungsvoll entgegenblickte. Wir entschuldigten uns sofort und sagten: „Wir haben gar keine Grüße auszurichten, sondern nur einen riesen Hunger." Erst wurde er rot vor Zorn, aber dann lachte er aus vollem Hals und drohte uns: „Wenn Ihr jetzt das nicht eßt, was ich Euch vorsetze, lasse ich Euch hochgehen!"*

Das Betteln ist in der Schweiz streng verboten. In der Furcht, er würde uns der Polizei ausliefern, haben wir alles, zum Staunen der anwesenden Köche, aufgegessen, bis wir kaum noch schnaufen konnten. Zur Verdauung legten wir uns dann auf eine Bank in den Anlagen, und es dauerte Stunden, bis wir wieder fähig waren, unsere Fahrt fortzusetzen.

Um die Zeit zu nützen, in der wir noch nicht in die Grandes Jorasses-Nordwand einsteigen konnten, kamen wir auf den Gedanken, die Aiguille Dru-Überschreitung zu machen. Beim Morgengrauen standen wir am Einstieg. Vor uns waren bereits zwei Franzosen, die genau nach der Beschreibung ihres Kletterführers gingen. Für uns hatte eine solche Beschreibung keinen Wert, da wir nicht französisch konnten. Wir gingen einfach der Nase nach, überholten *die französischen Bergsteiger, haben uns aber häufig „verhaut", mußten abseilen und waren erneut unterhalb der Franzosen, die wir wieder schnellstens einholten.*

Dieses Spielchen wiederholte sich des öfteren, bis wir den Gipfel der kleinen Dru erreichten. Dann war die Route der Überschreitung eindeutig. Der Abstieg mit mehrmaligem Abseilen führte uns zu einem kleinen Eisfeld, das durch eine gewaltige Randkluft vom Gletscher getrennt war. Es blieb nichts anderes übrig, als ca. 8 bis 10 m zum Gletscher hinunter zu springen. Gustl zögerte, und ich fürchtete, wenn ich als erster springe und mir dabei ein Bein breche, wird er nicht mehr nachspringen, sondern um Hilfe schreien, was ich nie getan hätte. Daher gab ich dem Gustl einfach einen Stoß, so daß er hinunterfiel. Ich sprang dann in sauberer turnerischen Haltung nach, keilte mich aber derart in den Schnee ein, daß Gustl mich mit dem Pickel befreien mußte. So etwas nennt man wohl „ausgleichende" Gerechtigkeit!

Auf der Hütte war eine Gruppe französischer Touristen beim Mittagessen. Inzwischen hatten auch die zwei Franzosen, die wir überholt hatten, die Randkluft erreicht. Sie waren anscheinend ratlos, wie sie sie überwinden sollten. Sie querten hin und her. Da kam uns eine prima Idee: Wir lotsten die französische Gruppe aus der Hütte, um ihr das Manöver ihrer Landsleute an der Randkluft zu zeigen. Wir hatten einen Riesenhunger, denn aus Geldmangel hatten wir ja selten etwas zu essen dabei. Während ich der Gruppe die Situation der beiden, mit Händen und Füßen sprechend, erklärte, ist Gustl in die Hütte und hat von den bereits aufgetragenen Schüsseln etwas wegstibitzt. Dann kam er heraus, erklärte weiter, und ich verschwand in der Hütte, um dasselbe zu tun. Das wiederholte sich so lange, bis die beiden Franzosen die Randkluft überwunden hatten. Da reichlich aufgetischt war, ist unser „Mundraub" weder aufgefallen noch haben die anderen Hunger leiden müssen. Schließlich sind wir mit einem freundlichen „merci beaucoup" abgezogen.

In den 60er Jahren war ich vom Alpenverein beauftragt, die Bergführerkurse durchzuführen. Der Referent für Erste Hilfe war Wiggerl Gramminger als der geeignetste Mann, denn er war hauptamtlich bei der Bergwacht tätig und hatte schon Hunderte von Bergrettungen durchgeführt. Bei schönstem Wetter, nach einer Tour, hielt Wiggerl sein Referat vor der Hütte.

Vorher begossen wir die gelungene Tour mit Schnaps. Wiggerl ging auf meine Wette ein, daß mir 5 doppelte Enzian nix ausmachen. Ich kippte einen nach dem anderen hinunter – und *fiel um. Als ich wieder erwachte, war ich mit Bandagen von Kopf bis Fuß dick eingebunden. „Was ist jetzt wieder los?", dachte ich mir. Mir tut ja gar nichts weh! Um mich herum standen alle Kursteilnehmer und hörten sich mit ernster Miene die Erläuterungen von Wiggerl an. Er hatte mich in meinem betäubten Zustand als Übungsmodell benützt und sämtliche Verbände angelegt. Es dauerte eine Weile, bis ich das begriff, denn die Zuhörer zeigten allesamt einen zu ernsten Gesichtsausdruck. Eigentlich überflüssig natürlich zu sagen, daß ich die Wette verloren hatte!*

Bild Seite 68: Vorbereitung zur Karakorum-Expedition, 1954.

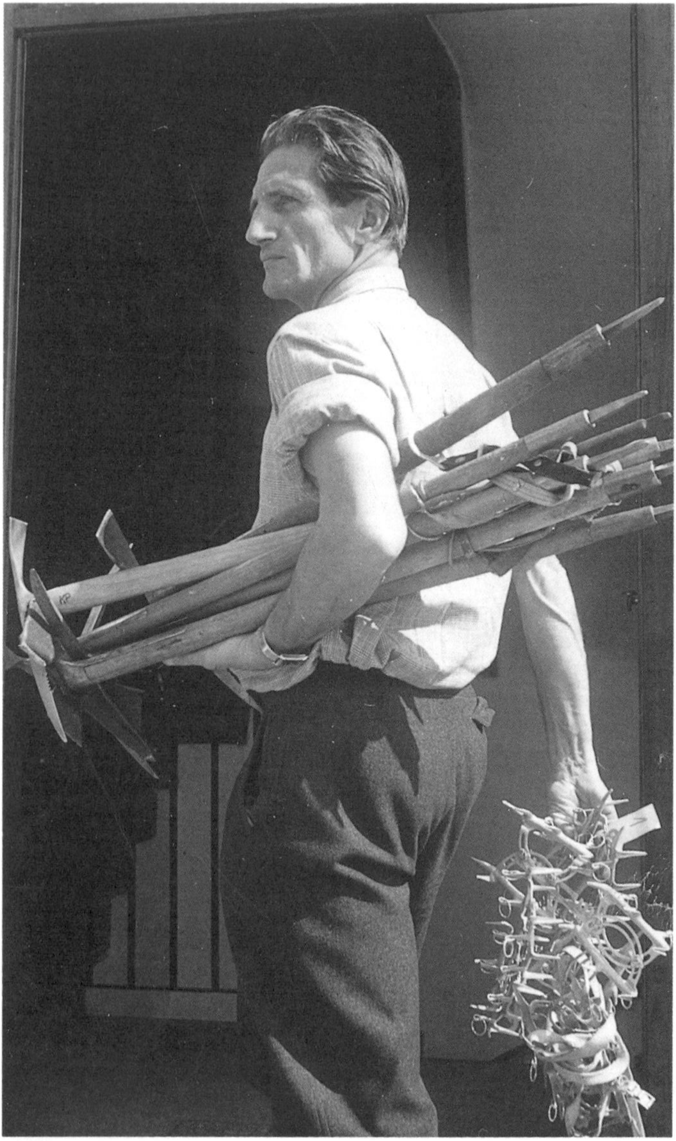

Konzeptlos.

Zeitweise wohnte ich in den Jahren zwischen 1929 und 1933 bei meinem Bruder in Bayrischzell, dem ich aber auf die Dauer meine leibliche Versorgung nicht zumuten konnte. „Halt' einen Vortrag über Deine Erlebnisse!", schlug er vor. Also stopselte ich die Vorträge „Schwere Fels- und Eisfahrten" und „Marokko-Fahrt" zusammen. Zu meinem Erstaunen waren alle begeistert; so auch ein Millionär, der in Bayrischzell wohnte. Er meinte: „Ich hab' die ganze Welt gesehen, aber um Ihre Erlebnisse beneide ich Sie". Das sagte mir ein Millionär! Ein Kurgast lud mich ein, in Hamburg in seiner Alpenvereinssektion zu sprechen.

So fuhr ich in den für mich tiefsten Norden, wo ich bereits am Bahnhof mit einem eleganten Wagen von einem Chauffeur abgeholt wurde. In einer vornehmen Villa an der Alster war ich zu Gast und wurde besonders von der Tochter und dem Sohn des Hauses betreut. Darüber habe ich meinen Vortrag fast vergessen.

Ich weiß auch nicht mehr, wie es kam, daß ich mich ganz allein, mit einem Anzug „von der Stange" angetan, gerade noch termingerecht zu dem Vortragshaus durchfragte. Es war ein mächtiger Bau. Vor dem Portal stand ein unifor-

mierter Portier, der mich schon gar nicht hineinlassen wollte, bis einer von der Sektion kam und mich holte. Als ich den Saal sah, erschrak ich nicht wenig. Er faßte 2000 Personen, war gerammelt voll und strahlte von gepflegter Atmosphäre. Und da sollte ich sprechen! An einem Tisch bei einem Glas Wein wurde ich beruhigt. Die Bilder gab ich ab, das Manuskript legte ich auf das Vortragspult und harrte der Dinge, die da kommen sollten. Endlich war es soweit.

Nach der Einführung des Vorredners betrat ich das mit Mikrophonen ausgestattete Pult, schlug das Manuskript auf – und erstarrte. Die abgegebenen Bilder waren von Afrika und das Manuskript von meinem Vortrag über „Schwere Eis- und Felsfahrten". Es verschlug mir die Sprache. Im Saal herrschte aufmerksame Stille. Kein Mauseloch tat sich auf, in dem ich hätte verschwinden können. Irgend etwas mußte ich unternehmen. Da packte mich die Wut, ich schlug mit der Faust auf das verdammte Manuskript, daß es, durch die Mikrophone verstärkt, wie ein Donnerschlag erklang und sagte ganz einfach: „Es tut mir furchtbar leid, jetzt habe ich die Bilder von einem und das Manuskript vom anderen Vortrag. Jetzt muß ich reden, wie mir der Schnabel gewachsen ist. Da Sie meinen Dialekt sowieso nur zur Hälfte verstehen, sehen Sie sich aber doch wenigstens die Bilder an." Dröhnendes Gelächter im ganzen Saal, das mich aber auch nicht mehr erschüttern konnte. So habe ich den ersten freien Vortrag meines Lebens ohne Zettel oder Manuskript gehalten, einen durchschlagenden Erfolg gehabt und nie mehr ein Manuskript verwendet.

Vagabunden.

Mutter Maria, die Hüttenwirtin der Gaudeamushütte im Wilden Kaiser, war wirklich wie eine Mutter zu uns. Sie verzieh uns auch gelegentliche dumme Streiche. Doch einmal rutschte ihr tatsächlich die Hand aus, und sie watschte den Lucke Hansei ab. Das kam so: Einer von uns saß unter der Haustüre und badete seine Füße in einer Schüssel. Ein anderer klaschte ins Wasser und spritzte ihn an, worauf dieser zurückspritzte und den Lucke Hansei traf. Der nahm gleich die ganze Schüssel weg und wollte den Übeltäter mit dem Inhalt zur Strafe übergießen, welcher aber die Flucht ergriff. Im gleichen Moment erschien dahinter im Türrahmen Mutter Maria. Hansei war so im Schwung, daß er nicht mehr abbremsen konnte und Mutter Maria mit voller Ladung übergoß. Darauf empfing Hansei eine Orfeige, worauf er beleidigt abzog. Nach 3 Tagen kam er zurück, entschuldigte sich und wurde wieder bestens aufgenommen.

In der Hütte ereignete sich noch so manches. Mutter Maria hatte einen riesen Bernhardiner, der zu uns – im Gegensatz zu anderen Gästen – sehr zutraulich war. Eines nachts scheuchten wir den Hund in das Lager der Mädchen und

Frauen. Er stürmte nur über die Schlafenden hinweg und faßte das selbst als Gaudi auf. Nicht so die Frauen, die zu unserer Freude immer lauter kreischten.

B*evor ich 1938 die Eiger-Nordwand durchstieg, trainierte ich in den Wänden des Wilden Kaiser. Bald aber sah ich ein, daß übermäßiges Training auch keinen Zweck hat. So legte ich mich einmal ahnungslos auf einen großen Latschenhaufen unter einen Baum und schlief ein, bis Kletterfreunde vorbeikamen und mich weckten. Sie sagten: „Unter den Latschenzweigen liegen zwei Tote, Abgestürzte, die sollen von der Bergwacht heute noch ins Tal transportiert werden." Pietätlos war ich dann auch wieder nicht, um weiter zu schlafen. Vielmehr vertrollte ich mich auf das Elmauer Tor, wo ich eine nicht ganz leichte Alleintour machte und mein seelisches Gleichgewicht wieder herstellte.*

I*m Jahr 1933 wurde von der neuen Regierung die „Tausend-Mark-Sperre" für Österreich eingeführt, d. h. man mußte zur Grenzüberschreitung 1000 Mark bezahlen. Es war aber für uns kein Problem, die Grenze illegal zu überschreiten. Wir fühlten uns auf der Gaudeamushütte im Wilden Kaiser bei Mutter Maria bestens aufgehoben. Aber unsere Kasse war sehr schmal.*

Ich wollte auf keinen Fall, wie manch anderer, durch Hüttendienste den Aufenthalt abgelten. Geholfen habe ich trotzdem, wo es ging. Häufig eröffnete sich jedoch eine unerwartete Einnahmequelle: Der Wilde Kaiser wurde damals auch von Bergsteigern besucht, die diesen lotrechten Wänden noch nicht gewachsen waren. Die Folge war, daß oft welche abstürzten.

Unsere Kletterrouten waren an Wochenenden überlaufen, und abgetretene Steine gefährdeten die nachfolgenden Seilschaften. Deshalb erklärten wir die Sonntage zu Ruhetagen und blieben in Hüttennähe. Dort wurden dann auch die Unfälle in den Wänden gemeldet. Ein Absturz bedeutete hier fast ausnahmslos den Tod. Natürlich halfen wir, die Leichen zu bergen, die man in Totensäcken von der Steinernen Rinne hinunter zur Griesener Alm trug – etwa 1 Stunde – und sie dann der Bergwacht übergab. Für unsere Hilfe erhielten wir 20 Schillinge. Die reichten auf der Gaudeamushütte bei Mutter Maria für eine Woche Aufenthalt aus. In der nächsten Woche wiederholte sich das „Trauerspiel".

Bald wurden wir als die „Sacklträger" verhöhnt. Das war sehr ungerecht, denn wir haben auch oft in Not geratene Bergsteiger aus ihrer verzweifelten Lage herausgeholt und nur selten einen Dank dafür erhalten.

Es war wieder 1933, und die Grenzen nach Österreich waren gesperrt. Diesmal hatte ich eine Sondergenehmigung zur Teilnahme an einem Bergführerkurs mit Prüfung in Innsbruck. Nach bestandener Prüfung hatte ich noch einen Tag Zeit, den ich zu einer leichten Tour über den Kopftörlgrat benützte. Auf der Gaudeamushütte fand ich einen Tiroler Gefährten. Allerdings schneite es am Morgen. Trotzdem begannen wir, weil ich nur diesen einen Tag hatte, die Tour. Bis zum steileren Grataufschwung gab es keine Schwierigkeiten. Dann aber entwickelte sich der leichte Schneefall zu einem Schneesturm. An ein Umkehren dachte ich nicht, obwohl der andere vernünftigerweise dazu riet. Das bißchen Vereisung machte mir nicht allzuviel zu schaffen. Aber unter der sogenannten Kapuze, in leichtem Gelände, erwischte uns der Sturm in voller Stärke.

Die Flanke war total vereist und mit unseren Kletterpatschen (so nannten wir damals die sehr leichten, mit einer Art Filz besohlten Kletterschuhe) äußerst riskant zu begehen. Trotzdem erreichten wir die Scharte unter dem letzten Kamin, der zum Gipfel führt. Der Sturm hatte nun derart zugenommen, daß mein Kamerad die Nerven verlor und durchdrehte.

Ich dachte an ein Drama im Dachstein, wo

ebenfalls Bergsteiger bei ähnlichen Verhältnissen die Nerven verloren und einer nach dem anderen, bis auf einen, einfach den tödlichen Sprung in die Tiefe taten, um einem qualvollen Ende zu entgehen. Auch mein Begleiter stammelte etwas von Hinabspringen. Ich wußte, er meinte es ernst, schlug deshalb einen Haken und band ihn daran, was einer Fesselung gleichkam. Nun durchstieg ich den Kamin, brachte oben nochmals einen Haken an, seilte mich wieder ab und band den Gefährten los. Wenn er jetzt springt, reißt er mich zum oben geschlagenen Haken wieder hoch, was mir bei dem vereisten Kamin gar nicht so unangenehm gewesen wäre. Der Kerl sprang aber nicht, und ich hantelte am Seil wieder hinauf zum Haken.

Der Sturm war so stark, daß Schnee und Steine von unten herauf wirbelten. Da macht das Klettern nicht mehr gar so viel Freude. Ich konnte gut verstehen, daß einer mit schwachen Nerven dann durchdreht. Am Gipfel auf der Elmauer Halt stand eine Hütte, in die ich hinein wollte. Der Sturm aber verhinderte das Öffnen der Türe. Seltsamerweise hatte sich der Kamerad von seinem Nervenzusammenbruch wieder erholt. Mir grauste es nun vor dem Abstieg, den ich nicht genau kannte. Aber er meinte, das schaffen wir, und so sind wir Schritt für Schritt, gegen den Sturm ankämpfend, in dem jetzt leichten Gelände abwärts geklettert zur

Rote-Rinn-Scharte, wo wir auf den Weg zur Hütte kamen. Von der Gaudeamushütte waren bereits Freunde aufgebrochen, um nachzusehen, was mit uns bei diesem Sturm los ist. Erst als wir zusammentrafen, legte sich bei uns die Spannung.

Diese Erfahrung des Kampfes im Sturm über den Kopftörlgrat hat mir in anderen, schwierigen Situationen, bei denen ich in einen Wettersturz kam, sehr geholfen, meine Sicherheit nicht zu verlieren und mich auf mein Durchhaltevermögen zu verlassen.

Bild Seite 78: Anderl als „Filmstar", 1934.

Szenenwechsel.

Mit zwei Pariserinnen, die ein Bergführer auf die Gaudeamushütte brachte, schlossen wir bald Freundschaft, nachdem der Bergführer wegen des schlechten Wetters wieder ins Tal ging und uns die Damen „überließ". Erst waren wir gar nicht so sehr erfreut darüber. Jedoch ihre Weinspenden, die uns bei dem anhaltend schlechten Wetter die langweiligen Stunden in der Hütte angenehm verbringen ließen, dankten wir ab, indem wir sie am ersten Sonnentag mit auf eine Tour nahmen. Davon waren sie so begeistert, daß sie bei ihrer Rückkehr in Paris den Ehemann der einen, der Filmproduzent war, veranlaßten, im kommenden Jahr, 1934, mit seiner Filmgesellschaft nach Elmau zu kommen. Tatsächlich rückte die ganze Filmgesellschaft mit Produzent, Regisseur, Drehbuchautor, Kameramann, Filmschauspieler und einer Filmschauspielerin an. Die beiden Damen waren auch dabei. „Ihr werdet schon eine Geschichte wissen", sagte der Produzent zu uns, denn sie hatten noch keine Idee.

Tatsächlich hatte mein Freund Eugen Minarek eine interessante und wahre Geschichte: Ein Mann stürzte am Berg ab, und seine ihn begleitende Freundin wurde unverletzt zur Hütte gebracht. Beim Trösten ihres Kummers verliebte sich

Eugen in das nette Mädchen. Ihr zu Ehren errichtete er ein Kreuz auf dem Berg, auf dem der Mann zu Tode kam. Sie fuhr nach Hause und versprach wiederzukommen. Eugen stand mit einem Blumenstrauß erwartungsvoll am Bahnhof, aber das nette Mädchen hatte einen neuen Freund dabei, sprang schnell aus dem Zug, gab Eugen einen Kuß und verschwand wieder im Waggon. Den Strauß Blumen hatte sie gar nicht beachtet, und Eugen stand wie bedeppert mit dem Strauß in der Hand da und konnte dem enteilenden Zug nur nachschauen.

Nach dieser Geschichte wurde dann der Film „La Croix de Cime" gedreht. Wir waren mit Eifer dabei, teils als Träger, teils als Statisten und halfen mit, wo wir nur konnten. Eine Szene wurde in einem offenen Stadel gedreht, wo die Filmschauspielerin weinen sollte. Sie hat nur vorsichtig eine Locke über ihre Stirn gestrichen und brachte keine Träne heraus, worauf der Regisseur schon nach Zwiebeln rief. Mir war das Getue zu dumm, und ich verwüstete ihren ondulierten Haarschopf. Darauf fing sie wirklich an hysterisch zu heulen. Der Kameramann drehte begeistert. Die Filmdiva würdigte mich von da an keines Blickes mehr.

Pause – nach anstrengender Dreharbeit.

Bei den Filmleuten machten wir uns wegen unserer Geschicklichkeit im Klettern sehr beliebt. Wir führten sogar den Produzenten und seine Frau über den Heroldweg auf das Totenkirchl. Darauf nahmen sie uns mit nach Paris. Eugen konnte sich der Stadtluft gar nicht anpassen; aber mir gefiel es da sehr gut, und ich marschierte täglich 2 Stunden zu einer Berlitz-Schule, um die Sprache zu lernen. Das Gelernte war aber bald wieder vergessen. Das Büro der Filmgesellschaft existierte in einer Seitenstraße der Champs-Elysées. Nach erfolgreichen ersten Filmen dieses Produzenten zog aber bald der Pleitegeier auf. Im Büro wurde der elektrische Strom abgeschnitten und das Telefon gesperrt. Trotzdem blieben alle Teilnehmer getreulich beisammen.

Ich hatte eine Stelle als Skilehrer in St. Moritz anzutreten, jedoch kein Geld für die Fahrkarte dorthin. Im allerletzten Moment trieb ein zur Filmgesellschaft gehörender Jude das Geld auf. Das war im Jahr 1936, als die Judenhetze in Deutschland schon begonnen hatte. Ausgerechnet mir als Deutschem hatte der Jude geholfen!

Im Frühjahr 1938 drehte diese Filmgesellschaft einen Film in Prag. Mich hat man auch wieder dazu eingeladen, nur so, um mit dem Foto sogenannte Standbilder (im Gegensatz zu beweglichen Filmaufnahmen) zu knipsen. Mir war aber gar nicht danach, denn ich wollte mich vorbereiten auf meine Unternehmung „Eiger-Nordwand". Gus aber, der Produzent, wollte mich unbedingt davon abhalten und bot mir pro Monat für die Zeit der Dreharbeiten 3000 Mark – für mich damals eine an sich ungeheure Summe! Was nützt mir aber so viel Geld, wenn ich im Eiger doch Pech haben sollte? Und von der Eiger-Nordwand-Besteigung wollte ich mich durch nichts abhalten lassen.

„Dann bringe wenigstens meine 90jährige Schwiegermutter zurück nach Paris!" Sie finanzierte zum größten Teil seine Filme. Wir nannten sie nur „Buddha", weil sie immer so schweigsam friedlich dasaß. Man stellte mir einen Buickwagen zur Verfügung, und ich brauste mit Buddha los. Weil ich bei einem Freund meinen Pullover deponiert hatte, fuhr ich über die Schweiz. Als ich gelegentlich tanken mußte und sie um Geld bat, sagte sie nur: „Nimm halt ein paar Billette!" Ich hätte auch mehr nehmen können, aber das ließ mein Gewissen nicht zu. In Paris erst sagte sie mir, sie hätte ein Häuschen in Barbison, wußte aber selbst nicht recht, wo Barbison liegt.

Ich mußte auf der Karte lange suchen und stellte

fest, daß Barbison 60 km entfernt in der Nähe von Fontainbleau war. Zum Häuschen gehörte auch ein etwas größerer Garten, in dem ich mich sofort gärtnerisch betätigte. Nach 8 Tagen wurde mir die Zeit zu lang und ich fieberte auf die Rückfahrt. „Nimm halt den Wagen und bring ihn zu meiner Tochter in die Schweiz nach St. Moritz!" Das ließ ich mir nicht zweimal sagen. Bei der Fahrt am Walensee entlang passierte mir ein Unheil: Der Wagen war voller Koffer und Blumenstöcke. Ganz obendrauf, zwischen den Blumen, befand sich eine Schachtel mit 2 lebenden Schildkröten. Im Rückspiegel sah ich, daß die Schachtel stark nach vorne geneigt war. Das muß den Schildkröten sehr unangenehm sein, dachte ich mir, denn sie können sich in der Schachtel doch kaum bewegen. So griff ich während der Fahrt nach hinten, um die Schachtel geradezustellen, und knallte an einen Betonpfeiler.

Im starken Regen sah ich eine vernickelte Radkappe davonsausen. Ich stieg aus, holte die Kappe und glaubte, es sei weiter nichts passiert. Aber, als ich zum Wagen kam, bemerkte ich, daß die Motorhaube eine ganz andere Richtung hatte als der Wagen selbst. Ich mußte eine Reparaturwerkstätte verständigen, die mit einem Abschleppwagen kam. Zerknirscht übernachtete ich im Dorf, verständigte meine Freunde in St. Moritz und glaubte, all meine *schönen Pläne für die Eiger-Nordwand sind nunmehr begraben. Als ich mein Mißgeschick nach St. Moritz meldete, wurde ich sofort getröstet, damit ich es nicht so tragisch nehme. Ich wurde abgeholt. Das große Problem war die Bezahlung von 2000 Franken für die Reparatur. Die einzige Rettung war ein Anruf bei Buddha, die aber normalerweise mit dem Herausrücken ihres Geldes sehr zugeknöpft war. Mein Anruf jedoch genügte, und telegrafisch war das Geld am nächsten Tag da. Nun konnte ich wieder erhobenen Hauptes in den Wilden Kaiser zu meinem Vortraining fahren.*

Bild Seite 86: Anderl in der Eiger-Nordwand, 1938.

Steilwände.

Die Eiger-Nordwand war die letzte und größte noch unbestiegene Nordwand der Alpen. Ich hatte nie den Ehrgeiz, Erstbegehungen zu machen. Nachdem jedoch so viele Unfälle in dieser Wand geschahen, bekam sie den Ruf einer unersteigbaren „Mordwand". Aber Mutter Maria von der Gaudeamushütte forderte uns auf, diese Wand zu machen, weil sie von unserer Fähigkeit dazu überzeugt war. Das war der erste Anstoß, der mir den Anreiz gab, diese Wand zu versuchen. Im Jahr 1937 war ich am Fuß des Eiger und sah mir die eventuellen Möglichkeiten eines Durchkommens genau an. 1938 trainierte ich mit Hias Rebitsch im Wilden Kaiser für diese Wand.

Ich wußte, Hias möchte die Eiger-Nordwand machen, und er wußte ebenso von meinem Vorhaben. Wir sprachen aber kein Wort darüber, denn er brauchte mich nicht und ich ihn nicht. Im selben Jahr erhielt Hias die Aufforderung zur Teilnahme an einer Expedition zum Nanga Parbat. Da erst empfahl er mir als Begleiter seinen Kameraden Wiggerl Vörg. Vörg war mir bereits ein Begriff, denn bei einem Langlauf 1937 um die Bayerische Meisterschaft in Bayrischzell startete er 10 Minuten vor mir. Am Ziel hatte ich ihn eingeholt, aber auf der Zeittabelle er-

schien er vor mir. Entrüstet rannte er ins Wettkampfbüro und wollte diesen Irrtum richtigstellen. Darauf hat man ihn hochkant hinausgewiesen, denn Organisatoren irren „bekanntermaßen" nie. Das also war der Wiggerl, den mir Hias verkuppelt hatte. „Einen besseren Seilzweiten wirst Du nie finden." Damit hatte Hias recht.

Vor uns war eine Partie eingestiegen, die wir am 2. Eisfeld einholten. Es handelte sich um die Österreicher Heinrich Harrer und Fritz Kasparek. Ihre Einstellung zur Wand und ihre Ausrüstung erschienen mir nicht die richtige zu sein. Ich wollte sie zur Umkehr bewegen. Wiggerl in seiner Gutmütigkeit schlug vor, gemeinsam zu gehen. Ich wollte auch keinen Streit anfangen und war widerwillig einverstanden. Während der Durchsteigung wurde dann unsere Seilschaft zur Kameradschaft und danach zur lebenslangen Freundschaft.

In der Wand, durch die ständig Steinschlag niederging, wurde Kasparek an der Hand verletzt. Ein Arzt sagte mir mal, um festzustellen, ob ein Knochen gebrochen ist, muß man nur drauf klopfen oder drücken. Also drückte ich ihm kräftig die Hand. Er schrie zwar laut, wurde aber weder ohnmächtig noch blaß. Der Handrükken, von dem die Haut abgeschlagen war, sah aus wie ein blutiges Fleischpflanzl.

Dieselbe Methode der Diagnose wandte ich bei Wiggerl an: in den Ausstiegsrissen rutschte ich aus. Wiggerl wollte mich mit erhobenen Händen abfangen. Dabei traf ich ihn und stieß mit einem Zacken der Steigeisen durch seinen Handballen. Wieder fürchtete ich, es könnte ein Knochen gebrochen sein. Dem war aber nicht so, denn beim kräftigen Händedruck ist er weder blaß noch ohnmächtig geworden. Beim Verbinden kam mir im Medizinbeutel ein Fläschchen Herztropfen in die Finger, die mir eine besorgte Ärztin aus Grindelwald „für alle Fälle" mitgegeben hatte. Wir sollen sie aber nur anwenden, wenn es ganz ernst ist. Ich dachte mir: „Jetzt ist dieser Augenblick da!" Auf dem Fläschchen stand etwas von zehn Tropfen. Aber zum Abzählen der Tropfen nahm ich mir keine Zeit. Ich schüttete gleich die Hälfte davon dem Wiggerl in den Mund, die andere Hälfte trank ich selbst – weil ich auch Durst hatte.

Als wir nach dem Abstieg durch die Westflanke des Eiger in der Kleinen Scheidegg eintrafen, wurden wir zu unserer Überraschung von einer riesigen Menschenmenge empfangen, hauptsächlich Journalisten. Freunde, die uns ebenfalls erwarteten, erkämpften uns den Durchgang zum Hotel. Erst einmal war uns wichtig, ein Bad zu nehmen. Wiggerl stand bereits in der Wanne und machte Augen wie ein verendetes Kalb. Ich wollte ebenso reinsteigen, zuckte aber sogleich zurück, denn die etwas angefrorenen Füße verursachten im heißen Wasser stechende Schmerzen. Daraufhin setzten wir uns beide in die Wanne und ließen die Beine nach außen baumeln. Ein Journalist wollte natürlich auch davon eine Aufnahme machen. Ich spritzte ihn voll Wasser, so daß er schleunigst den Rückzug antrat.

1951, bei der Durchsteigung des Walker-Pfeilers an den Grandes Jorasses mit Hermann Köllensperger gerieten wir in ein ungewöhnlich heftiges Unwetter. Am 5. Tag schrieben die Zeitungen: „Nun liegen sie hoch oben in Eis und Schnee begraben." Bei dieser Meldung stürzten die übereifrigen Journalisten zu meiner Mutter in München und wollten Aufnahmen von mir. Meine Mutter jedoch beschwichtigte die aufgeregten Herren und sagte: „Jetzt ist er mir zum 5. Male tot gemeldet worden, und jedesmal ist er wiedergekommen. Das wird auch diesmal so sein."

Am 5. Tag erreichten wir den Gipfel und beim Abstieg die auf der italienischen Seite gelegene kleine Jorasses-Hütte. Der Hüttenwirt hat bereits nach uns Ausschau gehalten und konnte gar nicht glauben, daß wir unversehrt durchgekommen sind. So ganz unversehrt waren wir allerdings nicht. Besonders Hermann hatte Erfrierungen an Händen und Füßen. Mir fehlte weiter nichts. Das kam daher, daß ich bei den Biwaks immer einen Schluck Cognac zu mir nahm. Hermann war ein absoluter Abstinenzler, und so oft ich ihm die Flasche unter die Nase hielt, hat er angewidert abgelehnt zu trinken. Am Gipfel war die Flasche leer. Als ich Hermanns Erfrierungen sah, kam mir die Erkenntnis, daß Alkohol, mäßig getrunken, auch in größeren Mengen nicht schadet, denn ich hatte ja keinerlei Erfrierungen.

Bild Seite 92: Anderl als Ausbilder der Heeres-Bergführer, 1943.

Marsch.

Während des 2. Weltkriegs, nach Beendigung der Kampfhandlungen in Frankreich, wurde meine Kompanie, der ich als lausiger Landser angehörte, in einem Schloß einquartiert. Wir schliefen aber nicht in Daunenbetten, sondern auf Holzgestellen, die von unseren Pionieren errichtet wurden. In etwa 100 m Entfernung befand sich ein Tor in der Parkmauer, das zu bewachen war.

Als ich von einem Urlaub zu meiner Einheit zurückkehrte, mußte ich von der Endstation der Bahn noch 10 km bis zum Schloß marschieren. Es herrschte ein gewaltiger Sturm, und ich kam an einer Baracke vorbei, in der eine Abteilung Soldaten einquartiert war. Natürlich konnte ich dort auch schlafen. Bei diesem Sturm ächzte die Baracke in allen Fugen, daß es mir unheimlich wurde. Obwohl es noch mitten in der Nacht war, setzte ich doch lieber meinen Marsch auf der Sturmseite der Straße fort. Die Straße war mit Alleebäumen bepflanzt, und ich fürchtete, auf der windgeschützten Seite von niederprasselnden Ästen getroffen zu werden.

So robbte ich im Straßengraben entlang, denn aufrecht gehen konnte ich bei dem Sturm nicht. Tatsächlich wurden Bäume direkt vor meiner

Nase entwurzelt. Ich war froh, endlich in der geschützten Unterkunft des Schlosses angekommen zu sein. Im Schlafsaal standen immer 3 Pritschen übereinander. Meine Schlafstelle war in der untersten, die ich mit einem Kameraden teilen mußte. Ich kroch hinein, der Kamerad, den ich dabei berührte, schlug wild um sich, weil sich hier häufig Ratten umhertummelten. Deshalb wurde ich gleich mit Schlägen empfangen. Das war ein relativ gelindes „Schicksal", denn am nächsten Morgen erfuhren wir, daß der Sturm die Baracke, in der ich eigentlich schlafen wollte, weggerissen und es viele Tote gegeben hatte.

Im Schloßpark, vor dem bewachten Tor, stand ein Zelt für die Wachablösung. Eines nachts hatte ich Wache. Als es mir dabei langweilig wurde, leuchtete ich mit der Taschenlampe ins Zelt, ob nicht einer meiner Kameraden drinnen ist. Es war leer, aber ich sah da eine Riesenratte liegen. Erschrocken fuhr ich zurück, schämte mich aber sogleich wegen meiner Ängstlichkeit. Darauf holte ich einen Stock, um die Ratte zu erschlagen. Vorsichtig schlich ich erneut ins Zelt und ließ den Stock heftig auf die Ratte niedersausen. Die sprang hoch, und ich wich zurück. Als sich weiter nichts rührte, spähte ich wieder angriffsbereit ins Zelt. Die vermeintliche Ratte war aber nur ein Weißbrotwecken, dessen Unterseite nun oben lag und weiß schim-

merte. Jetzt war meine Scham wegen meiner Ängstlichkeit noch viel größer. Diese Begebenheit erzählte ich aber meinen Kameraden nicht, sonst hätten sie mich gehörig ausgelacht.

Einmal mußte ich zum Kommandeur. Im Vorzimmer aber warteten schon ein Feldwebel und ein Unteroffizier, die eine Meldung über den Munitionsbestand abgeben sollten. Sie stritten sich, ob man Munition mit „t" oder mit „z" schreibt. Der Feldwebel setzte sich mit „t" durch. Der Kommandeur bemängelte aber wieder Fehler im Schriftstück und befahl ihnen Richtigstellung. Darauf sagte der Unteroffizier: „Ich hab' doch gleich gesagt, daß man Munition mit „z" schreibt!" Sie korrigierten es und als sie das Schreiben erneut abgaben, lachte der Kommandeur laut. Die beiden blickten sich ratlos an, denn außer ihrem vermeintlichen Fehler in der „Munition" sind ihnen gar keine anderen aufgefallen.

Bild Seite 96: Spalten waren nie Hindernisse.

Spalten.

Nach meinem letzten Fronteinsatz bei der Infanterie in Rußland versetzte man mich 1942 als alpinen Ausbilder an die Heereshochgebirgsschule in Fulpmes. Mit 50 Mann sind wir im Stubai auf einem Gletscher aufgestiegen. Persönlich war ich als Spezialführer für einen Oberst eingeteilt. Wir befanden uns nicht in der Schlange der Teilnehmer, sondern sind daneben emporgestiegen. Plötzlich ein Ruf: „Einer ist in eine Spalte gestürzt!" Zwei Mann hatten die Schneebrücke über einer Spalte überschritten, beim dritten brach sie durch, und er hing am Seil in der Spalte. Alles stand wie erstarrt, und ich bin mit dem Oberst sofort nach vorne geeilt.

Dort war einer unserer Ausbilder, der bekannte Bergsteiger Hias Rebitsch, neben einem Spieß. Hias herrschte diesen an: „Papier und Bleistift!" Ein Spieß hat immer Schreibutensilien bei sich.

Er gab Hias wortlos des Verlangte, und Hias in seiner hintergründig humorvollen Art ließ beides in die Spalte flattern. Der Oberst war entsetzt und fragte mich: „Was macht der Mann?" Ich antwortete ihm: „Der da unten ist ein Schriftsteller und Dichter," was auch der Wahrheit entsprochen hat. – „Ihr seid aber harte Männer!" kam die Antwort des Oberst.

Von Fulpmes aus unternahmen wir mit den Kursteilnehmern 5-wöchentliche Kurse in den Gletschergebieten. Einmal waren wir auf der Hofmannshütte am Großglockner, um diesen zu besteigen. Dazu mußte man bei Dämmerung aufbrechen. Da der Gletscher im unteren Teil sehr eben und spaltenlos war, brauchte man sich nicht anzuseilen. Doch plötzlich verschwand einer vor den Augen der anderen in der Tiefe. Es können sich nämlich schon auf sanft geneigten Gletschern durch die dauernde Kraft von abfließendem Schmelzwasser und mitgeführten Steinen richtige Löcher oder runde Schächte von beachtlicher Tiefe bilden, die man Gletschermühlen nennt. In eine solche, vom Schnee zugewehte Gletschermühle ist der Verschwundene gestürzt. Er rief zu uns herauf: „Nichts passiert; ich stehe auf einer Schneebrücke!" Wir warfen ihm ein Seil zu, hieften ihn hoch – aber heraus kam ein Zivilist! Wir waren alle baff. Genau 24 Stunden vorher ist dieser Einzelgänger über den Gletscher gewandert und auch dort eingebrochen. Als wir danach den Kameraden heraufholten, löste sich dieses Rätsel. Er war eben so ein Kavalier, daß er zuerst den vorher Verunglückten anseilte und ihm den Vortritt beim Heraufholen ließ.

Beim Aufstieg zur Wildspitze in den Ötztaler

Alpen, wieder mit Teilnehmern aus Fulpmes, geschah es, daß auch einer unserer Ausbilder in eine Spalte einbrach, die aber nur 1/2 Meter breit war. Er riß seine Arme auseinander und konnte sich dadurch halten. Eine Dame, die vom Gipfel herunterkam, blieb vor ihm stehen und fragte: „Was machen Sie da?" Er fauchte sie an: „Schnell weg, weg, Sie stehen auf der Spalte!" Leicht hätte es geschehen können, daß sie auch noch durchbricht, dann wäre beider Schicksal besiegelt gewesen, denn es handelte sich um eine A-förmige Spalte, die, deshalb so genannt, sich nach unten verbreitert.

***S**paltenstürze sind für einen Gletschergeher gar nicht so selten. So bin ich mit Gustl Kröner nach Überschreitung des Mont-Malet über den steilen, spaltenreichen Leschaux-Gletscher, natürlich angeseilt, abgestiegen. Des öfteren ist der eine oder der andere von uns eingebrochen. Das hat uns gar nicht erschüttert.*

Während dieses Abstiegs waren wir in eine interessante Unterhaltung verwickelt. Plötzlich aber stürzte Gustl in eine größere Spalte. Mich, als Nachgehenden, schlug es sofort hin. Gustl hing unten – und er erzählte mir die begonnene Geschichte in aller Ruhe zu Ende, bevor ich ihn wieder herausholte.

Ich war in Courmayeur und wollte einen Bergfreund, Martl Maier, in der Leschaux-Hütte unter den Grandes Jorasses treffen. Mir grauste es schon, allein über das spaltenreiche Mer de Glace absteigen zu müssen. In Courmayeur hausten zwei Dänen in einem Zelt, und ich fragte sie, wo sie hin wollten. Sie antworteten: „Nach Chamonix, und zwar über den Kleinen St. Bernhard." Ich meinte: „Da habt Ihr aber Glück; ich bin Bergführer und nehme Euch mit über den Col Helbronner. Da kommt Ihr statt in 3 in 1 Tag nach Chamonix." Sie waren davon begeistert. Für den Aufstieg zur Turiner Hütte brauchten wir nur 6 Stunden. Von dort aus geht der Marsch weiter über das spaltenreiche Mer de Glace. Natürlich hatte ich die beiden angeseilt. Nach 500 Metern brach der eine schon in eine Spalte ein. Nachdem wir ihn herausgezogen hatten, waren die zwei Dänen sehr erbleicht, und ich erklärte ihnen, daß das eine ganz normale Sache ist, die jetzt noch öfter geschehen wird. Ich dirigierte sie beim Weitergehen auf dem Gletscher; abwechselnd stürzten sie immer mal wieder in eine Spalte, und sie gewöhnten sich seelisch daran.

Über den Gletscher herauf kam eine untereinander angeseilte Gruppe, mit Abstand folgte ein Alleingänger. Es war mein Freund Martl Maier. Wir freuten uns, daß wir uns so mitten am Gletscher getroffen hatten und unterhielten uns angeregt. Voraus gingen am Seil meine 2 Dänen, und wir paßten nicht so recht auf, wohin sie gingen. Plötzlich kamen wir in ein großes Spaltengewirr, so daß wir genötigt waren, uns des öfteren in eine Spalte abzuseilen, um auf der anderen Seite wieder hinauf zu klettern, denn die Spalten waren oft 10 Meter breit. Für Martl und mich war das nichts Neues, aber die armen Dänen, die nur mit kurzen Höschen und nicht ganz alpingerechten Schuhen bekleidet waren, kamen zuletzt auf der Requin-Hütte vollkommen erschöpft und zerschunden an, aber schließlich doch zufrieden und glücklich über die gewonnene Zeit. Wir entschuldigten uns, weil wir sie in ein solches Abenteuer hineingelotst hatten. Dann sind Martl und ich zu der noch 5 Stunden entfernten Leschaux-Hütte weitergeeilt.

Bild Seite 102: Das Beste vom Besten! 1938.

Bazi.

Im Jahr nach Beendigung des 2. Weltkriegs gab es nur wenig zu essen. Ich hatte einen österreichischen Freund im Lechtal. Wir kamen auf die Idee, uns gegenseitig durch Schmuggeln zu helfen. Unser Treffpunkt war auf einer Paßhöhe bei einem großen Block. Wir haben immer die Zeit um 10 Uhr vormittags ausgemacht, da von beiden Seiten der Anstieg mehrere Stunden dauerte. Eines Tages übernachtete ich auf einer in der Nähe gelegenen Hütte und war schon um 7 Uhr morgens beim bewußten Block. Ich setzte mich trotz strömenden Regens an der Nordseite des Blocks hin und wartete die Stunden ab. Als es endlich 10 Uhr wurde, umkreiste ich den Block. Auf der Südseite saß mein Freund. „Wie lange bist Du denn schon hier?" – „Schon seit 7 Uhr morgens", sagte er. Er hatte in einer Schäferhütte mehr schlecht als recht die Nacht verbracht. Darum sei er so früh da gewesen. Wir wollten von eventuell patrouillierenden Zöllnern nicht gesehen werden und haben uns deshalb so ruhig verhalten.

Die Zeiten wurden besser, und die Schmuggeleien hörten von selbst auf. Mir blieben Pakete Rasierklingen – immer 5 Stück zusammengepackt und bereits leicht angerostet – übrig.

Dazu noch ein Sack Aspirinpulver und eine große Schachtel mit einigen tausend Grammophonnadeln.

Jahre später habe ich von den USA nach Kanada 5 Flaschen Whisky in einem Beutel, den wir bei der Überfahrt auf dem Schiff erstanden hatten, mitgenommen. An der Grenze fragte uns der Zöllner: „Have you liquors?" Als einziger, der nicht englisch sprach, antwortete ich: „No, no liqueur, only Whisky." Meine Gefährten schauten stur gerade aus. Der Grenzer aber drehte sich um, faßte meine Antwort als Witz auf und lachte. Dabei hatte ich diesmal ja gar nicht schmuggeln wollen!

Von einer Hütte aus stiegen wir ein Lawinenfeld hoch und fanden eine verschüttete Gams. Wir zogen sie als „gefundenes Fressen" runter zur Hütte, wo wir sie ausweideten und uns freuten, nun auf längere Zeit mit Fleisch versorgt zu sein. Am Abend kochten wir ein Ragout mit viel Fleisch und Soße. Einen Jäger, der vorbei kam, luden wir zu diesem festlichen Mahl ein. Im Verlauf des Essens, das ihm sehr schmeckte, erzählten wir ihm, daß das von einer Gams stammt, die wir in der Lawine gefunden hatten. Er legte sofort entsetzt Messer und Gabel nieder und erklärte uns, wenn ein Wild nicht sofort ausgenommen wird, ist das Fleisch giftig. Wir merkten nix davon und haben uns noch eine Woche lang von dem „vergifteten Fleisch" bestens ernährt.

Bei einem Besuch des ehemaligen Bayer. Innenministers Dr. Alfred Seidl in Oberstdorf erzählte ich ihm eine Begebenheit aus unserer Jugendzeit, von der er selbst noch nichts wußte: Ein Bergsteiger stürzte in der Fleischbank-Ostwand tödlich ab. Wir eilten hin, und ich erschrak, denn ich glaubte fest, in ihm unseren netten Bergfreund Alfred Seidl, der damals Student war, zu erkennen. Voll Bedauern transportierten wir ihn ab und übergaben ihn der Bergwacht.

Auf der Gaudeamushütte flocht ich mit Hilfe meiner Freunde einen Kranz aus Latschen und Alpenrosen. Ich war stolz auf mein Werk und erkundigte mich, wann die Beerdigung stattfinden sollte. Tatsächlich wurde ein Seidl, der zwar einen anderen Vornamen hatte – aber das konnte ja eine Verwechslung sein – an diesem Tag beerdigt. Ich marschierte mit dem schweren Kranz in der Hand hinaus zum Ostfriedhof, als ich um eine Straßenecke herum mit Alfred Seidl zusammentraf. Mir wurden die Knie weich, ich meinte ein Gespenst vor mir zu haben. „Dich haben wir doch tot geborgen!" sagte ich. Er lachte und antwortete: „Ich war ja gar nicht im Gebirge, und Du siehst, ich bin lebendig!" Was sollte ich nun mit dem Kranz tun? Ich wanderte in meiner Betroffenheit doch zum Friedhof hinaus und legte den Kranz auf das nächst beste Grab.

Mit den Kränzen zur Beerdigung habe ich scheinbar kein Glück. Denn als in der Zeitung stand, daß ein Bergfreund von uns, Martl Maier, beerdigt wird, gingen meine Freunde und ich wieder mit einem Kranz zur Aussegnungshalle. Wir schauten uns die aufgebahrten Toten an, bis wir zu einem Martin Maier kamen. Das war ein alter Herr, der da lag, und gar nicht unser Freund Martl. Wir legten trotzdem den Kranz nieder und gingen verlegen und zugleich erleichtert nach Hause.

Beerdigungen von abgestürzten Freunden waren gar nicht so selten. Bei diesen Anlässen traf man viele Bergsteigerfreunde. Während einer Grabrede des Pfarrers machte ich mit einem Kameraden, den ich schon länger nicht gesehen hatte, gleich eine Tour für den nächsten Sonntag aus. Darüber war ein älterer Herr, der hinter uns stand, sehr empört und er hat uns nach der Beerdigung entsprechend zusammengestaucht. Das konnte uns aber nicht ab-

halten, am nächsten Wochenende die vereinbarte Tour durchzuführen.

In früheren Zeiten war es die Regel, daß ein Bergführer von seinem „Herrn" acht Kilogramm Gepäck trägt. Dies hat sich im Laufe der Zeit überholt. Doch nach dem 2. Weltkrieg kam ein Mann zu mir, um mich für eine Führungstour zu engagieren. Am nächsten Tag erwartete ich ihn für die vereinbarte Tour. Er kam pünktlich und hatte noch ein großes Paket dabei, das er mir übergab, mit der Bemerkung, dies seien die „vorgeschriebenen" 8 Kilogramm, die ich für ihn zu tragen habe.

Ich machte ihm klar, daß es diese Vorschrift schon lange nicht mehr gibt. Ich hatte aber keine Lust, mich in eine neue Diskussion einzulassen und schickte ihn deshalb weiter zu einem anderen Bergführer, den ich nicht recht leiden konnte.

Ein sehr wohlhabender Herr wollte mich als Bergführer für eine Trekkingtour im Himalaya engagieren. Ich machte ihm klar, daß dafür eine längere Zeit eingeplant werden müßte. Außerdem kannte ich seine Leistungsfähigkeit überhaupt nicht; vielleicht sollte ich sein Gepäck auch noch übernehmen, wenn er

„schwach" wird! Wir Bergführer sind doch keine Lakaien. So schlug ich vor, für dieses Jahr erst einmal einige Wochen in Lappland zu wandern. Seine Reaktion: „Skandinavien kenne ich nicht, aber Ihre Idee ist sehr gut."

Die Tour begannen wir in Kiruna. Sehr bald wich ich vom ausgetretenen „Königspfad", der nach Abisko führt, ab, um weglos in Seitentälern zu wandern. Bei Schneeregen in sehr sumpfigem Gelände kamen wir durch mannshohe Weidenbüsche. Ich ließ meinen Klienten (so wurde jemand genannt, der einen Bergführer engagiert hatte) vorausgehen, denn er war 1,93 m groß und ragte wie ein Leuchtturm aus dem Gebüsch. Mit dem Kompaß dirigierte ich ihn: „Etwas weiter nach links, wieder nach rechts – wieder links!" Brav folgte er meinen Anweisungen. Triefnaß erreichten wir nach 15 Stunden eine kleine Unterkunftshütte – in Lappland ist es ja in der Nacht ganz hell, und im Sumpf konnte man nur 1 - 1 1/2 km in der Stunde zurücklegen. An eine Rast war bei diesem Sauwetter nicht zu denken. In der Hütte überfiel dann meinen „Herrn" der Heißhunger.

Ich wußte, was das ist, denn ich hatte auch schon so einen Zustand, als ich einmal von Bozen nach Bayrischzell radelte und meinem Bruder Tiroler Speck und Brot mitbringen wollte. 3 km vor Bayrischzell überkam mich dieser

Heißhunger, und ich aß meine Mitbringsel restlos auf. Mit vollem Bauch und leeren Händen kam ich an!

Ich konnte also unseren Proviant gar nicht so schnell auspacken, wie mein Klient ihn verschlang. Nach einigen Stunden der Ruhe waren auch unsere Schuhe halbwegs getrocknet, aber das Leder war steif und hart geworden. „Jetzt müssen wir die Stiefel mit Fett einreiben", sagte ich. Er ganz entsetzt: „Ich habe in meinem Leben noch nie Schuhe geputzt!" – „Dann wird's aber höchste Zeit, daß Sie das einmal tun!" Ich nahm eine Handvoll Fett und rieb eine Seite seines Schuhs damit ein, um ihm zu zeigen, wie man Schuhleder walkt, damit es wieder weich wird. Wie besessen arbeitete er nun mit dem Fett an seinen Stiefeln herum und war schließlich von dieser ungewohnten Tätigkeit restlos begeistert.

Übrigens, dieser Herr hat sich in Lappland so gut bewährt, daß ich in den folgenden Jahren mit ihm noch einige größere Touren in den Alpen und Expeditionen unternehmen konnte, in Süd- und Nordamerika, in Kanada und Afrika – nur zu der Trekkingtour im Himalaya kam es leider nie.

***E**inmal war ich als Bergführer mit einer Lehrerin*

auf einer Dolomitenwanderung unterwegs. Dabei kamen wir an der Nordseite der Großen Zinne vorbei. Ich bekam lüsterne Augen, denn ich wußte, daß diese schwere Wand erst einige Jahre vorher von Italienern bezwungen worden war und bisher nur wenige weitere Begehungen hatte. Der Lehrerin konnte ich es aber nicht gut zutrauen, mit mir in diese Wand einzusteigen. So habe ich mich in der Hütte um einen brauchbaren Gefährten umgesehen. Ein schlanker Kerl ist mir aufgefallen, weil er dreimal hintereinander zu Abend gegessen hat. Ich sagte mir, wenn einer so „frißt", muß er auch gut beisammen sein. Tatsächlich war er bereit, mit mir die Große Zinne-Nordwand zu versuchen. Die Lehrerin war froh um einen Rasttag.

Als der neu gewonnene Gefährte und ich bei ungemütlichem Nebelnieseln am Einstieg standen, waren ihm Mut und Lust vergangen. Ich bat ihn, wenigstens ein paar Seillängen mit mir empor zu steigen, selbst wenn wir uns dann wieder abseilten. Bei jedem Standplatz, als er noch einige Meter darunter war und nichts weiter passieren konnte, warf ich das Seil hin, um sofort wieder los zu klettern. Auf diese Weise haben wir uns in der Wand nicht gesehen. Deshalb konnte auch von einem Umkehren keine Rede sein. Am Gipfel angelangt, hatte er glasige Augen, und die Sprache hatte es ihm ebenfalls restlos verschlagen. Mit Mühe brachte ich ihn in dem nun leichteren Gelände auf der Südseite wieder zurück zur Hütte. Dort glaubte man, wir wären vernünftigerweise in der Wand umgekehrt. Der erschöpfte Zustand meines Gefährten aber überzeugte, daß wir – erstmals ohne Biwak – in dieser kurzen Zeit durchgekommen sind.

Am nächsten Tag setzte ich die gemütliche Wanderung mit der Lehrerin wieder fort.

A*ls alpiner Betreuer der Jugendherberge Oberstdorf hatte ich u. a. die Aufgabe, den Gästen das Skifahren beizubringen. Waren mehrere Gruppen im Haus, konnte ich natürlich nur eine übernehmen, den anderen eventuell „Ratschläge" geben, wenn ich zufällig einmal vorbeikam.*

So geschah es auch eines Tages. Ein älterer Lehrer stand auf der Straße und hatte seine Schüler am Hang unter sich skikursmäßig antreten lassen. Aus einem Bücherl las er der Gruppe vor, was sie zu tun hat. Ich sagte ihm: „So geht das aber nicht; Sie müssen es Ihren Schülern schon praktisch vorführen!" Seine Antwort: „Ich kann nicht Ski fahren, aber theoretisch bin ich durch." Dann dirigierte er theoretisch weiter. Ski Heil!

Im Jahr 1954 erfüllte sich mein lang gehegter Wunschtraum, einmal an einer Expedition im Himalaya teilzunehmen. Dies vermittelte mir mein Innsbrucker Freund Hias Rebitsch. Er war der Expeditionsleiter und übertrug mir die bergsteigerische Leitung. Hias ist ein sehr selbstbewußter und eigenwilliger Mann; er kommt nicht ohne weiteres mit jedem aus. Wir waren 16 Teilnehmer von recht unterschiedlichem Charakter. Es war vorauszusehen, daß es bei einer halbjährigen Dauer des Unternehmens auch mal zu Spannungen kommen würde. Deshalb vereinbarten Hias und ich gleich zu Beginn der Reise, unter keinen Umständen zu streiten. Die erste Probe bestanden wir in Karachi bei schwülwarmem Wetter in einem Hotelzimmer.

In dem Raum befand sich zur Kühlung ein „Miefquirler" (Ventilator), der jämmerlich quietschte. Ich stand auf, stellte ihn ab. Hias wurde es zu warm, er drehte ihn wieder an, worauf ich ihn wieder abstellte. Dieses Gerangel führten wir die ganze Nacht hindurch. Aber – am nächsten Morgen verloren wir keine Silbe über unseren gegenseitigen „Machtkampf".

Unser Ziel war der Rakaposhi, von dem wir nur ein Foto hatten, das aus 150 km Entfernung aufgenommen worden war. In Gilgit, einem klei-

nen Ort am Südfuß des Berges, befand sich unser vorläufiges Standquartier. Unsere, d. h. Martin Schliesslers und meine 14-tägige Erkundung ergab keine sichere Aufstiegsmöglichkeit, denn überall donnerten Eislawinen herunter und machten eine Routenführung unmöglich. Darauf kehrten wir wieder zurück nach Gilgit. Hias hatte in diesen 14 Tagen das Haus, in dem wir unser Quartier aufgeschlagen hatten, noch nicht einmal verlassen!

Von unseren wissenschaftlichen Teilnehmern, die in das Hunzatal vorgerückt waren, erhielten wir die Nachricht: „Wenn der Rakaposhi nicht sicher zu machen ist, kommt zu uns. Da gibt es genauso hohe und schöne Berge!" Das ließen wir uns nicht zweimal sagen. Mit einer Kolonne von 200 Trägern rückten wir aus zum Baltoro Gletscher. Hier bot sich uns ein herrlicher, anscheinend leicht zugänglicher Berg an. Bei der Erkundung fand ich einen Anstieg durch die Gletscherbrüche zu einer Scharte, wo wir für den Gipfelsturm ein Zelt aufstellen konnten.

Jeder Mensch macht mal eine Dummheit; der Dumme immer die gleiche und der Intelligente immer eine andere. Meine Dummheit war, daß ich mich im Aufstieg beim Vorausspuren nicht hatte ablösen lassen und dann im Schneesturm auf der Scharte, immerhin ca. 6000 m hoch, die anderen sicherte, während sie ein Zelt aufstell-

ten. Eigentlich hätte ich meine durchgeschwitzte Wäsche sofort wechseln sollen. Aber wer tut das schon im Schneesturm? Als ich mich im Zelt verkroch, hatte ich mir eine saubere Lungenentzündung eingehandelt. Am nächsten Tag konnte ich keinen Finger mehr rühren. Die Freunde – vor allem Hias – bestanden darauf, mich sofort abzutransportieren. Nach einigen Seillängen Abstieg fühlte ich mich plötzlich wieder wohl, wußte jedoch aus der Erfahrung anderer, daß dies eine Euphorie sein könnte. Trotzdem schickte ich alle wieder zurück. Schließlich stieg ich mit nur einem kräftigen Träger weiter ab.

Am Baltoro Gletscher, den wir noch zu überqueren hatten, war ich plötzlich mit meinen Kräften zu Ende. Ich legte mich auf eine Felsplatte und – wirklich! – ich wollte sterben. Das wollte aber der Träger nicht. Er nahm mich einfach auf seine Schultern und begann, den Gletscher zu überqueren. Der Träger hatte eine solche Ausdünstung, daß ich das in meinem belämmerten Zustand einfach nicht aushielt und mich immer wieder von ihm abgleiten ließ. Ich verfluchte den Kerl, weil er mich stets davon abhielt, „in Wonne" (Euphorie!) zu sterben. Er riß mich jedesmal wieder hoch, und dieser physisch-psychische Kampf begann aufs neue. Schließlich wurden die Freunde im Basislager auf unser seltsames Verhalten aufmerksam und eilten zu Hilfe.

Diesem treuen Träger habe ich tatsächlich mein Leben zu verdanken.

Anläßlich des Neujahrsempfangs der Bayerischen Staatsregierung, 1987, im Antiquarium der Residenz München erhielt ich mit meiner Frau eine Einladung. Wir waren aber nicht die einzigen, sondern noch 1200 geladene Gäste warteten auf Einlaß zum Festsaal. Zufällig waren wir bei den ersten, die der Ministerpräsident F. J. Strauß mit Handschlag begrüßte. Ich sagte zu ihm: „Mir dat's grausen, jetzt tausendmal die Hand zu drücken!" Schlagfertig antwortete er: „I wasch mir's na scho."

Ich möchte am Ende meiner Erzählungen die Worte des Herrn F. J. Strauß noch einmal aufnehmen – auch ich wasche für diese Geschichten meine Hände in Unschuld.

Anderl Heckmair wurde im Jahr 1906 in der bayerischen Landeshauptstadt München geboren. Seinen erlernten Beruf des Gartenbautechnikers übte er nur kurze Zeit aus.

Die große Arbeitslosigkeit 1929/30 traf auch ihn. Er verzichtete auf die Arbeitslosenunterstützung und ging dafür zum Klettern in die Berge. Es gelang ihm die Durchsteigung der damals schwierigsten Wände im Dachstein, im Gesäuse, im Wetterstein (u. a. Schüsselkar-Süd- und Südostwand), im Karwendel (u. a. Laliderer-Nordwand), in den Dolomiten (z. B. Civetta-Nordwestwand, Saas Maor-Ostwand, Guglia di Brenta auf neuer Route sowie die Große Zinne-Nordwand). Auch in den Westalpen glückten ihm namhafte Eistouren (u. a. 1. Durchsteigung der direkten Nordwand der Charmoz, 8. Begehung des Walker Pfeilers an den Grandes Jorasses). Zum Hohen Atlas (Tubkal) radelte er 1932 mit seinem Gefährten Gustl Kröner.

Aufsehen erregte er, als er 1938 als Seilerster mit seinen Gefährten W. Vörg, H. Harrer und F. Kasparek die Eiger-Nordwand bezwang.

Nach Erhalt des Bergführerdiploms hatte er sein Hobby „Bergsteigen" zum Beruf gewählt. In dieser Eigenschaft war er dann auch als langjähriger Bergführerausbilder im Deutschen Alpenverein tätig, später als alpiner Wanderberater und Führer im Bayerischen Jugendherbergswerk. Auf seine Initiative ist die Gründung des Berufsverbandes der „Deutschen Berg- und Skiführer" zurückzuführen.

Weltweit war Anderl Heckmair in seiner Eigenschaft als Bergführer unterwegs, so z. B. auf Expeditionen im Karakorum, in Afrika (Virunga Vulkane, Ruwenzori, Hoggar), in Südamerika (Peru-Cordillera Blanca), entlang der Rocky Mountains von Kanada bis Mexico (Mt. Waddington, Grand Teton, Vulkane Mexicos etc.) und auf Trekkingtouren in Nepal.

Er hat einige bemerkenswerte Bücher verfaßt und fand auch außerhalb alpiner Kreise durch seinen lebendigen, originellen Erzählstil einen großen Leserkreis.

Wir danken…

…Herrn Helmut Münch für das so treffend geschriebene Vorwort über den „Anderl", für die Durchsicht und Korrektur des Manuskriptes.

…Frau Trudl Heckmair für das perfekt geschriebene Manuskript und für das mühevolle Heraussuchen der Fotos aus dem umfangreichen Privatarchiv.